Maria Elena Ruggiano

La trasformazione della famiglia tradizionale ha radici lontane

Maria Elena Ruggiano

La trasformazione della famiglia tradizionale ha radici lontane

Preoccupanti analogie o semplici coincidenze?

Edizioni Sant'Antonio

Cover image: www.ingimage.com

Publisher:
Edizioni Accademiche Italiane
is a trademark of
International Book Market Service Ltd., member of OmniScriptum Publishing Group
17 Meldrum Street, Beau Bassin 71504, Mauritius

Printed at: see last page
ISBN: 978-613-8-39224-8

**Preoccupanti analogie o semplici coincidenze?
La trasformazione della famiglia tradizionale ha radici lontane.**

Sommario:

1. Premessa

"Die geschichte wiederholt sich immere zweimal: die erste als eine tragodie, wie eine farce"[1].

Carl Marx scrisse questa famosa frase nella convinzione che, nel corso della storia, gli avvenimenti ed i personaggi spesso si ripetono e la conoscenza della storia stessa, da parte degli uomini, sarebbe determinante, al fine di evitare di commettere ciclicamente gli stessi errori o, addirittura, di mutare gli accadimenti ottenendo un risultato uguale o peggiore di quello originario.

Oggi, a oltre 100 anni di distanza dalla Rivoluzione d'Ottobre[2] ,

---

1 Marx Karl, *Il 18 brumaio di Luigi Napoleone*, Editori riuniti, Roma, 2015, p. 2. La frase, tradotta in italiano, recita: tutti i grandi fatti e i grandi personaggi della Storia universale si presentano due volte; la prima volta come tragedia, la seconda come farsa. Il testo è uno degli scritti di Marx più originali, composto dal dicembre 1851 al marzo 1852 per il settimanale Die revolution, edito a New York; l'opera, dopo diverse vicissitudini, comparve ad Amburgo solo nel 1869 con una seconda edizione che ne permise la diffusione anche in Europa. In questo testo Marx compie una analisi materialistica della Storia connessa a quella politica distinguendosi per essere uno studioso attento delle dinamiche giuridiche, politiche ed economiche e sociali che portarono al colpo di Stato di Luigi Bonaparte.

2 Il 1917 non è solo uno degli anni più duri della Prima Guerra Mondiale (cui s'aggiungono l'entrata degli Stati Uniti in guerra e la sconfitta dell'esercito italiano a Caporetto), ma anche il momento storico in cui, nei **"***dieci giorni che sconvolsero il mondo***"**, la rivoluzione in Russia fece cadere il regime zarista ed instaurò uno Stato comunista, ispirato alle teorie di Karl Marx. La rivoluzione, che prese corpo in un paese autocratico ed arcaico, posto sotto il controllo dello zar Nicola II, vide le forze rivoluzionarie divise in vari orientamenti: dai bolscevichi (maggioritari all'interno del partito operaio socialdemocratico, e guidati da Lenin) ai menscevichi (minoritari, e fautori di una fase intermedia di "rivoluzione borghese"), dai "cadetti", che chiedevano riforme costituzionali e il suffragio universale, fino ai socialisti rivoluzionari, con forte radicamento nelle campagne. Le sconfitte militari e la crisi economica fecero precipitare la situazione: nel febbraio 1917 una prima rivolta, partita da Pietrogrado, portò alle costituzione dei primi "soviet" (consigli elettivi dei rivoluzionari); il governo provvisorio passò al 'vov e Kerenskij, mentre lo zar abdicò e Lenin tornato in Russia, diffuse le famose *Tesi di Aprile*. I tumulti del luglio 1917 e

in seguito ad una rilettura non convenzionale e più attenta di ciò che avvenne, dopo la caduta dello Zar Nicola II, è possibile scorgere una similitudine allarmante tra i fatti accaduti nel territorio russo, dopo il 1917, e ciò che si è compiuto e si sta compiendo in Occidente, dalla metà del secolo scorso ai nostri giorni, per giungere ad una dissoluzione definitiva della famiglia naturale e un superamento della dicotomia uomo – donna al fine di poter affermare la completa libertà dell'essere vivente e la sua totale indipendenza da ciò che è insito nella natura.

La storiografia più accreditata, da sempre, ha adottato una impostazione di pensiero che ha insistito e sottolineato che la Rivoluzione d'Ottobre fu la conseguenza, logica e prevedibile, della peculiare situazione dell'Impero Russo dell'epoca, vista la sua arretratezza economica e sociale[3], la diffusa povertà e il fallimentare sistema educativo e universitario introdotto e voluto dall'ultimo Zar

---

l' arresto di molti bolscevichi favorirono la svolta conservatrice del governo e furono il preludio per la Rivoluzione di Ottobre (24-25 del calendario russo) e per le durissime condizioni della pace di Brest-Litovsk (3 marzo 1918).

3 In realtà la situazione russa ante 1917 non era così catastrofica come gran parte della storiografia ha sempre voluto dipingerla. Sul punto, tra gli altri, si possono leggere le parole di Service R. quando racconta che "*All'epoca si cominciava a sfruttare il potenziale del Paese più grande del mondo. Le vecchie restrizioni culturali e sociali stavano disgregandosi; aumentavano i contatti internazionali e grazie alle conquiste culturali e scientifiche l'impero russo era un prodigio per tutto il mondo. Le difficoltà erano enormi ma il Paese aveva un potenziale immenso:le materie prime erano abbondantissime, si disponeva di carbone, ferro, diamanti, oro e petrolio. Possedevano vastissime pianure coltivabili a cereali. I contatti internazionali producevano i primi frutti*". Service R., *Lenin, l'uomo, il leader, il mito*, Mondadori, Milano, 2001, p. 4 e segg.

Nicola II della dinastia dei Romanov[4] .

Tale teoria portò con sé l'inevitabile corollario che ciò che avvenne in Russia non sarebbe mai stato proponibile in Occidente poiché la situazione di base era profondamente diversa e difficilmente ripetibile ad ovest del mondo.

Ma se, con coraggio, prendiamo le distanze dalla storiografia più accreditata potremo renderci conto che i fattori negativi che portarono al collasso del sistema zarista non furono solamente quelli economici – sociali e culturali ma attennero ad un disagio esistenziale che ha impressionanti analogie con ciò che noi oggi stiamo vivendo.

Le motivazioni che portarono alla Rivoluzione furono il terrorismo, lo Zarismo ovvero un governo incapace di recepire i bisogni del popolo e di governare in maniera corretta e una Chiesa, quella russa, troppo legata alla figura dello Zar e inadatta a dare risposte certe ai fedeli.

La Russia può vantare il poco onorevole primato della invenzione del terrorismo come strumento della politica moderna.

---

4 Nicola II Romanov (Carskoe Selo 18 maggio 1868 – Ekaterinburg 17 luglio 1918) fu l'ultimo imperatore di Russia. Il suo titolo ufficiale era: «Per Grazia di Dio, Imperatore e Autocrate di tutte le Russie, zar di Polonia, di Mosca, di Kiev, di Vladimir, di Novgorod, di Kazan', di Astrachan' e della Siberia; granduca di Finlandia e di Lituania; erede di Norvegia; signore e sovrano di Iberia, dell'Armenia e del Turkestan; duca dello Schleswig-Holstein, dello Stormarn, di Dithmarschen e dell' Oldenburg». Appartenente alla dinastia dei Romanov, sposò, in contrasto con i genitori, Alice d'Assia e del Reno, figlia del granduca Luigi IV d'Assia e del Reno e della principessa Alice del Regno Unito, a sua volta figlia della regina Vittoria. Ha conosciuto numerosi appellativi: "Nicola il pacifico" durante gli anni di regno, mentre la letteratura sovietica comunista lo ha dipinto invece come "Nicola il sanguinario"; la tradizione popolare russa lo conosce invece come "Nicola, il santo, grande portatore della Passione".

Dopo gli anni settanta del XIX sec., infatti, alcuni gruppi rivoluzionari russi dichiararono pubblicamente la loro precisa intenzione di uccidere coloro che consideravano nemici al fine di favorire la loro causa[5]. I nemici da colpire erano innanzitutto i membri della famiglia imperiale e tutti gli alti dignitari del regime autocratico ma negli albori del XX sec. i terroristi intesero ampliare le categorie da colpire comprendendo tra queste anche i funzionari zaristi di tutti i livelli in carica ed in pensione.

Negli anni immediatamente precedenti al 1917 infatti, sul suolo russo, il fenomeno del *terrorismo*[6] si intensificò a tal punto che arrivò a causare migliaia di vittime innocenti; le tecniche utilizzate per compiere le stragi consideravano come utili e necessarie carrozze bomba, attentatori suicidi, attacchi individuali e stragi indiscriminate che rendono ciò che accade oggi in occidente un terrificante *deja vu*.

Esso fondava le sue ragioni su di un sostanziale nichilismo, che non aveva nessun rispetto per le vittime considerandole solamente il prezzo da pagare per porre fine ad una società in decomposizione.

Lo zarismo era un regime autocratico ancorato alla "*sinfonia tra*

---

5 Cfr. Lovell S., *Destinazione incerta, la Russia dal 1989*, EDT, Torino, 2008, p. 60.

6 "*Il terrorismo russo si può in questo senso suddividere in due periodi: il primo va dalla nascita al 1900 e provoca in una quarantina d'anni un centinaio di morti, con attentati sempre individuali. Il secondo periodo, dal 1900 al 1917, vede una impennata numerica e un cambiamento qualitativo; si tratta per lo più di stragi: 11mila morti*". Cfr sul punto Dell'Asta Adriana – Carletti Marta – Parravicini Giovanna, *Russia 1917 - il sogno infranto di un mondo mai visto*, La casa di Matriona, Bergamo, 2017 p. 20 e A. Iosa, *La storia di ieri e di oggi. Per non dimenticare le vittime di strage, di terrorismo, delle foibe e dei campi di concentramento*, Milano, Fondazione Carlo Perini, 2005.

Stato e Chiesa"[7] che nella sua origine aveva visto affermarsi la figura dello Zar come "padre buono" del suo popolo ma che, nel tempo, era fatalmente venuta meno. Lo Stato con il suo elefantiaco apparato era diventato esageratamente invasivo e repressivo poiché Nicola II era pienamente convinto che anche la forma più tenue di democrazia sarebbe stata un male per il popolo che, invece, aveva bisogno di essere guidato ed educato.

La Chiesa ortodossa contava all'epoca oltre 50.000 chiese e 105.000 sacerdoti ma aveva iniziato a perdere l'aurea mistica già quando, nel 1721, fu introdotto il cd. " Regolamento ecclesiastico"[8] ad opera di Feofan Procopovic, su ordine dello Zar Pietro il grande; sulla base di tale regolamento il Patriarca fu sostituito da un Collegio ecclesiastico detto il "Santissimo sinodo dirigente" composto da alcuni metropoliti vescovi, alti dignitari ecclesiastici e dall' *Oberprokuror*, laico, rappresentante secolare del potere con il compito

7 Dell'Asta Adriana – Carletti Marta – Parravicini Giovanna, op. cit., p. 25.

8 PIETRO I **Alekseevič**, il Grande, imperatore di Russia. - Nato dallo zar di Mosca Alessio Michailovič e dalla sua seconda moglie Natalia Kirillovna Naryskina il 30 maggio 1672, morto nella notte fra il 27 e 28 gennaio 1725. Le straordinarie riforme compiute da lui nello stato e nella vita generale della Russia e la sua personalità eccezionale gli meritarono presso i contemporanei e i posteri il titolo di "grande". Abolì il patriarcato in Russia nel 1721. Secondo il "Regolamento Ecclesiastico", opera di Feofan Prokopovič, il patriarca fu sostituito da un collegio ecclesiastico, il S. Sinodo, composto da alcuni vescovi e dall' ober-prokuror (procuratore superiore), rappresentante secolare del potere; nell'introdurre questa riforma Pietro il Grande trasse profitto dalla pratica seguita nell'organizzazione ecclesiastica protestante. Era credente a modo suo e nelle questioni dell'organizzazione e della vita ecclesiastica si mostrava libero dalle tradizioni dell'antica Russia, e molti fatti della vita ecclesiastica egli apprezzava e intendeva in modo puramente razionale. Cfr. Antonij Vasiljevic Florovskij, Voce PIETRO I Alekseevič, il Grande, imperatore di Russia, Enciclopedia Treccani, versione web, consultabile su http:/ www. Treccani.it./.

di presiedere il Sinodo e che poneva la Chiesa in piena dipendenza dello Stato; ne segui una ampia revisione dei Testi e degli usi che vedeva un Sinodo composto da vescovi e sacerdoti nominati dallo Zar aventi tutti voto di ugual valore e le sue delibere erano sottoposte alla verifica e ratifica dello stesso Zar. Tutti i vescovi erano nominati dallo Zar e a questo rispondevano dandogli un dominio completo su tutta la Chiesa russa.[9]

Ciò, come sarebbe stato facilmente intuibile, aveva provocato un grave ridimensionamento della Chiesa considerata una appendice dello Stato con un conseguente depauperamento della fede nei cittadini[10].

Le radici della Rivoluzione furono molto più profonde di ciò che ci è stato detto fin d'ora e risalgono a tempi remoti: Sergeij Bulgakov scrisse infatti che "*Pietro ha introdotto nella direzione ecclesiastica il principio protestante della Chiesa di Stato (cuius regio eius religio) trasformando la Chiesa in dicastero sinodale. E al tempo stesso ha*

---

9 Mian F., *La ricostituzione del Patriarcato di Mosca (1917-1925)*, Giuffré ed., Milano, 1981, p. 15.

10 Sul punto è interessante leggere il seguente passo: " *Il nostro popolo è gravemente malato, malato nell'anima, sta attraversando una crisi profonda, ha perduto la luce nella vecchia fede e non ha trovato alcuna nuova luce. Il popolo è schiavo dei propri istinti e passioni peccaminose, è facile sedurlo e ingannarlo, è facile fargli violenza. Lo stesso popolino che oggi domina la Russia e che devasta e mette a rischio gli immensi valori della nostra realtà nazionale, statale e culturale, è psicologicamente impotente e indifeso. Chiunque lo può confondere e può dirigere la sua volontà in qualsiasi direzione, ad attaccare la borghesia e la società colta, oppure gli ebrei e gli stessi rivoluzionari. E' libero e protetto solo chi ha un centro spirituale, chi ha un nucleo morale che non è scosso o indebolito*" di N. Berdjaev, *Vera e falsa la volontà del popolo,* 30 ottobre 1917 in *Le fonti e il significato del comunismo russo*, tr. it. La casa di Matriona, Milano, 1976, p. 185.

modificato anche il vecchio concetto di zar ortodosso, sostituendolo con un assolutismo poliziesco e burocratico di stampo tedesco... Europeizzando la Russia, Pietro ha inoculato alla Russia i veleni della cultura protestante e allo stesso tempo ha paralizzato la vita della Chiesa, impedendole di arrivare ad una coscienza universale. Oggi vediamo gli esiti del cammino fatale che abbiamo percorso fino in fondo, esiti ugualmente funesti per lo Stato e per la vita della Chiesa"[11].

Queste parole di Bulgakov ci possono aiutare ad iniziare a comprendere quanto sia vera e tragica l'analogia delle condizioni del popolo russo nel 1917 alle nostre condizioni attuali.

Frank, nel 1924, descrisse con lucidità la situazione sostenendo che "*il socialismo rappresenta sia il compimento che il rovesciamento della democrazia liberale. Si ispira al suo stesso motivo fondamentale e al comune motivo di tutta l'epoca moderna: fare dell'uomo e della umanità gli autentici padroni della propria vita, dare loro la possibilità di forgiare liberamente il proprio destino. Ma intravede il vuoto, l'assenza di contenuto e la contraddizione interiore della libertà formale data dalla democrazia liberale: l'uomo, formalmente libero, abbandonato a se stesso, non può far nulla e cade vittima della casualità sociale, è il giocattolo della congiuntura economica, lo schiavo delle classi economicamente forti. E allora, per rendere l'uomo veramente libero, bisogna sacrificare la sua libertà individuale*

11 Bulgakov Sergej, *Il significato del patriarcato in Russia*, Discorso tenuto dall'Autore, insigne e controverso esponente della Ortodossia Russa, nel 1917 al Concilio locale della Chiesa Ortodossa riunitosi per la nomina del Patriarca. Cfr. Dell'Asta – Carletti – Parravicini, op. cit., p. 162.

formale, radunarlo in un collettivo e permettere all'umanità, dopo averle messo in mano tutti i terreni, di organizzare la propria vita secondo la propria razionalità e il proprio arbitrio, anche a costo di render l'individuo schiavo"[12].

In Russia nei primi anni del secolo scorso, come in Occidente in generale ed in Italia in particolare oggi, si cercò di porre in essere un aleatorio ideale di libertà, assoluta e illimitata, *"consistente soprattutto nella rescissione di ogni legame con la trascendenza, con qualunque principio personale esterno e previo all'uomo che non riconosce ormai più altro che ciò che può misurare con le proprie forze"*[13].

Oggi, come ieri, assistiamo ad un rifiuto della religione, ad una secolarizzazione pesante della società civile, ad una aggressiva volontà di autodeterminazione, unite al rifiuto sistematico della natura, capace di generare e governare le cose umane: "*la cultura secolarizzata del corso storico occidentale moderno, basata sulla libertà personale ha creato tutta una serie di principi areligiosi ma al tempo stesso sacri su cui saldamente si appoggia e che si radicano a loro volta nella fede di cui sono oggetto. La nazionalità, la proprietà, la famiglia, il potere statale, i diritti dell'uomo e del cittadino, la dignità personale, tutte queste sono tracce e riflessi laici dell'antica educazione teocratica. In occidente la disintegrazione dei fondamentali spirituali ed ontologici dell'essere essenzialmente*

---

12 Frank Semen, *Il significato storico e religioso della rivoluzione russa*, in *Russia 1917 – il sogno infranto di un mondo mai visto,* La casa di Matriona, Bergamo, 2017, p. 173.

13 F. Braschi, *Russia 1917. La libertà infranta,* in www. Clonline.org, 07-11-2017.

religiosi è avvenuta in modo graduale nel corso di tutta la storia moderna attraverso una trasformazione che ha attribuito loro una forma laicizzata attraverso cui ancora oggi traspare l'essenza originaria. E' per questo che tale processo non poteva avere un carattere veramente distruttivo oppure che esso si è manifestato solo tardi. Più di una volta l'Europa, giunta fino all'orlo dell'abisso, in preda al terrore dell'anarchia, si è salvata con il suo conservatorismo, con la sua fede nei principi sacri"[14] .

Negli anni immediatamente successivi alla Rivoluzione in Russia si verificò un attacco sistematico e violento della famiglia così come è poi avvenuto e continua ad avvenire in Occidente e ciò concede l'illusione di poter essere arbitri assoluti del nostro destino, capaci di vivere senza religione ma, anzi, volendo essere creatori di tutto e rifiutando ciò che deriva dall'ordine naturale delle cose, ripetendo per la seconda volta, come profeticamente Marx aveva detto, "*l'errore di voler identificare la libertà con la rivolta, nel voler affermare le profondità creative dello spirito umano strappandole dal terreno divino in cui erano radicate e che costituiva la loro unica fonte di nutrimento. L'umanità credeva di raggiungere il cielo staccandosi dalle proprie radici e librandosi liberamente dall'aria ; pareva quasi che volesse conquistare il cielo e sottometterlo. Di fatto però è possibile raggiungere il cielo solo se si è radicati in esso fin dal principio. Attraverso il caos, la devastazione e la tenebra di questi giorni, si intravede l'epoca in cui l'umanità cosciente tenderà non alla*

14 Frank S., op. cit., p. 180.

libertà del figliol prodigo ma alla libera figliolanza da Dio"[15].

Il collegamento tra noi e la Russia è così svelato: il costante richiamo all'illuminismo e al protestantesimo che portò alla rovina dello zarismo e alla riduzione della Chiesa ortodossa a mero apparato burocratico dello Stato aprì fatalmente il varco al nichilismo e al socialismo rivoluzionario che ebbe come conseguenza la disgregazione della famiglia e dei rapporti uomo – donna.

---

15 Frank. S, op. cit., p. 181.

Russia

2. Il Decreto sul matrimonio civile del 1917 in Russia.

Dopo i moti rivoluzionari e l'eliminazione fisica dello Zar e della sua famiglia iniziarono una serie di stravolgimenti in tutti i campi ad opera dei Bolscevici prima e dei Soviet poi che mutarono radicalmente, tra le altre cose, la società civile trasformando profondamente l'idea di famiglia, del matrimonio e il rapporto tra genitori e figli.

Il 16 dicembre 1917 venne promulgato il Decreto sul matrimonio civile che dovette essere considerato, da quel momento, il solo ed unico matrimonio valido mentre il matrimonio religioso, che aveva avuto validità anche civile fino ad allora, si relegò a mero fatto privato non avente nessun valore per lo Stato. "*La principale ragione di tale scelta era naturalmente la volontà dei bolscevici di sradicare dalla popolazione il sentimento religioso*"[16] e per le stesse motivazioni, qualche anno più tardi, venne introdotta una ulteriore novità che attribuì rilevanza giuridica ai rapporti matrimoniali di fatto[17].

Il Decreto fondava la sua *ratio legis* nella concezione marxista della famiglia che vedeva come suo massimo rappresentante

---

16 Tretyak T.A., *Il matrimonio nel diritto della Federazione russa, versione web, consultabile su* www.filodiritto.com, 23 settembre 2012, p.2.

17 Nel Codice delle Leggi su matrimonio, famiglia e tutela nel 1926 venne normativizzata e tutelata la convivenza more uxorio che attribuiva medesimi diritti e doveri a coloro i quali preferivano convivere piuttosto che contrarre un legittimo matrimonio.

Alexandra Kollontai[18] la cui teoria venne magistralmente riassunta da Karl Kautsky il quale sostenne che "*la forma attuale della famiglia non è l'ultima. Una nuova Società creerà un nuovo tipo di famiglia*"[19].

La Kollontai sosteneva con convinzione che l'evoluzione delle forme economiche avrebbero modificato definitivamente la famiglia poiché "*i legami naturali che in passato univano la famiglia formando un unica cellula sociale indivisibile, si indeboliscono e si spezzano nello stesso momento in cui muoiono le forme economiche che li avevano generati*"[20]; questa evoluzione riguardava le città popolose dove era facile osservare il "*declino della piccola produzione artigianale, trionfo del lavoro meccanizzato, crescita colossale delle città, ritmo febbrile della attività industriale e commerciale; questa*

---

18 Kollontai Alexandra, nata nel 1872 da una famiglia ebraica con padre un Generale russo e la madre finlandese. In giovane età venne attratta dalle idee di Marx e fu una sostenitrice convinta della emancipazione della donna ponendo la lotta su due piani: la Rivoluzione sessuale e la liberazione economica, non potendo sussistere una senza l'altra. Dopo diversi anni passati all'estero dove con i bolscevichi si prodigò come agitatrice, la Kollontai tornò in Russia nel 1917. Ella fu la prima donna ad essere eletta prima nel Comitato Esecutivo del Soviet di Pietrogrado, poi nel Comitato esecutivo Panrusso. Fu anche membro del Comitato centrale del partito bolscevico essa divenne Commissario del popolo alla Assistenza pubblica nel primo gabinetto del Governo bolscevico rivoluzionario, poi nel 1920 Commissario del popolo alla Sicurezza sociale. In seguito la Kollontai occupò alcuni incarichi all'estero in qualità di Ambasciatrice di Norvegia, Città del Messico e Svezia. Le sue biografie ufficiali sono molto discrete nell'evidenziare la sua attività clandestina ante 1917 e sulle sue idee concernenti la liberazione della donna e la nuova morale. Per onestà intellettuale bisogna anche aggiungere che le sue tesi sulla disgregazione della famiglia tradizionale, certamente influenzate dalle teorie di Marx e di Engels, non furono mai pienamente condivise dai dirigenti bolscevici dell'epoca rivoluzionaria compreso Lenin. Cfr. sul punto Claudio Fracassi, *Alessandra Kollontaj e la rivoluzione sessuale. Il dibattito sul rapporto uomo-donna nell'URSS degli anni venti*, Editori Riuniti, Roma, 1977.

19 Kautsky Karl, *Programma di Erfurt,* Stoccarda, Diets, Stoccarda, 1920.

20 Cfr. Stora – Sandor J., *Alexandra Kollontai: marxismo e rivoluzione sessuale*, La Decouverte, Paris, 2001, p. 28.

evoluzione non poteva non riflettersi sulle forme di vita familiare e scuoterne le basi che si credevano incrollabili della famiglia"[21]; ciò che avrebbe aiutato "*il focolare a spegnersi e smettere di essere il centro della unione dei membri della famiglia*"[22] era poi importante il lavoro delle donne, soprattutto di quelle borghesi che, uscendo di casa, avrebbero abdicato al ruolo di mogli, madri e fulcro del focolare domestico.

Ella annunciò la fine della famiglia sostenendo: "*la borghesia continui pure a proclamare che i principi familiari sono immutabili e intangibili. La famiglia è destinata alla dispersione e alla morte. Sotto gli occhi del mondo intero il focolare domestico si spegne in tutte le classi e in tutti gli strati della popolazione e – sia ben chiaro – nessuna misura artificiale potrà rianimare la sua fiamma morente. La lenta evoluzione delle relazioni sessuali che si avvera sotto i nostri occhi manifesta nettamente che il matrimonio rituale e la famiglia chiusa e costrittiva sono destinati alla scomparsa e i sostenitori degli attuali principi familiari avranno un bel da dire ma la tendenza della evoluzione sociale manifesta che la famiglia come esiste ancora oggi vive i suoi ultimi giorni ed è irrimediabilmente condannata a perire insieme alla società di classi antagoniste* "[23].

21 Stora – Sandor J., *op. cit.*, p.39
22 Stora – Sandor J., *op. cit.*, p.41
23 Stora – Sandor J., op. cit., p. 70 segg.

Bisognava ottenere, oltre ad una diversa famiglia[24], un diverso uomo e una diversa donna attraverso un cambiamento psicologico radicale di entrambi[25]. Il cambiamento della donna in particolare si poteva ottenere mediante il trasferimento dei suoi doveri ancillari ed educativi alla collettività ed infatti la Kollontai sosteneva che "*occorre togliere dalle spalle della donna tutte le preoccupazioni legate alla maternità ed incaricare la collettività facendo in modo che l'educazione dei figli esca dalla cornice della struttura familiare per*

---

24 "*Nel 1924 Bucharin qualificherà la famiglia come l'elemento più arretrato e conservatore fra tutte le brutture del vecchio regime e due anni dopo Krylenko – membro del comitato centrale esecutivo dei soviet – scriverà che è necessario distruggere il sistema antico che si era radicato entro un focolare vitale come la famiglia, quell'organismo della vita sociale, quel nodo del tessuto sociale dove vivevano ancora, più forti di quanto esse fossero nella realtà, tutte quelle tendenze del mondo antico, tutte quelle tradizioni incartapecorite, stagnanti, del passato, tutte quelle melme, muffe e quel fango propri del mondo passato borghese e della famiglia feudale borghese*" Carpinelli C., *Donna e famiglia nella Russia sovietica dagli anni venti agli anni quaranta,* versione web, consultabile su http:/ on www.resistenze.org, p. 2.

25 L'educazione che si promettevano era chiaramente coincidente con i principi professati e Makarenko spiegò chiaramente quale era la differenza tra "*educazione borghese ed educazione comunista. L'educazione borghese ha di mira esclusivamente l'individuo e la sua formazione mentre quella comunista considera l'uomo nel collettivo, come membro di un collettivo entro il quale egli opera e di fronte al quale egli risponde dei suoi atti. L'educazione avviene attraverso la collettività nella collettività per la collettività e ne consegue che gli interessi della collettività devono essere superiori a quelli della personalità*". E' il rovesciamento della concezione rinascimentale, dei principi della pedagogia umanistica tutta intesa a recuperare l'uomo dopo la barbarie medievale. Il rinascimento ebbe carattere aristocratico; concepì la cultura come riservata ad una piccola minoranza di uomini eletti, laddove il socialismo si sforza di promuovere l'educazione delle masse, la promozione culturale delle masse, sacrificando la cultura di elite. La pedagogia comunista rappresenta una rivoluzione culturale di immensa portata che, se da un lato livella, dall'altro esalta la funzione della educazione allargandone l'ambito a tutti gli uomini inseriti in una collettività. Cfr. Makarenko A.S., *Educazione borghese e*

diventare una istituzione sociale, una questione di Stato"[26]; la maternità quindi cominciò ad essere riconosciuta come un problema sociale.

Su queste basi sorgerà il nuovo amore e nuovi rapporti tra i sessi che dovranno essere una "*libera unione di individui liberi; l'atto sessuale dovrà essere finalizzato a se stesso e non dovranno più esistere schiavitù domestiche delle donne, preoccupazioni per la sorte dei figli*"[27].

Vero è che, malgrado la feroce propaganda, la grande maggioranza delle donne russe non colse i voleri del Partito[28] ma le

---

educazione comunista, in Desideri A., *Storia e storiografia*, G. D'Anna ed., Firenze, 1989, p. 249 – 250.

26 Stora – Sandor J., *op. cit.*, p. 220; Bock G., *Le donne nella storia europea*, Laterza, Roma, 2003, pp.324-329.

27 *Ibid.*, p. 211-212.

28 E' molto interessante sul punto leggere la testimonianza di Hedrick Smith, un giornalista americano che soggiornò quattro anni in Unione Sovietica con la ferma volontà di entrare in contatto con gli autoctoni. Nel suo libro *Les Russes* (Ed. Belfond 1976) egli scrisse che "*a dispetto dell'enorme propaganda della stampa le donne sovietiche continuano a rappresentare un sesso ben distinto... se esiste una parte della popolazione che viene sfruttata dal sistema, è proprio quella delle donne che sono ancora quelle che effettuano compiti manuali più ripugnanti. Esse non sono affatto liberate da ciò che Lenin chiamava Schiavitù domestica e l'accesso in massa sul mercato del lavoro non si è rivelato il toccasana che ci si aspettava. A causa di diversi fattori ciò ha reso la vita delle donne più spossante e la promessa di uguaglianza non è stata ottenuta... esse rappresentano la metà della massa lavoratrice e tuttavia nove direttori su dieci sono uomini e così negli altri campi lavorativi. L'imperativo finanziario del lavoro esterno e l'inefficacia caotica della vita del consumatore sommergono la donna russa in un crogiolo che pochi occidentali conoscono. Le donne dell'Urss sono prigioniere e tributarie di due mondi: il lavoro e la famiglia. Nella impossibilità di riuscire nell'uno come nell'altro esse possono solamente correre come scoiattoli in gabbia... il più grande dramma delle donne russe, a sentire loro stesse, è che si sentono costrette a rinunciare alla maternità...*". Cfr. E. Beth, A. Perrachon, N. Buron, *Il marxismo, la donna e la famiglia*, pubblicato a cura di P. Baroni, ed. afs, Parigi versione web, consultabile su

idee continuarono a germogliare dando frutti lontano dal suolo natio; la madre del femminismo sovietico generò un mostro e i suoi sogni e le sue visioni si sono di fatto realizzate nell'Occidente da essa tanto odiato e combattuto.

L'occidente infatti è divenuto un terreno fertile per la manipolazione familiare e il processo finalizzato alla decadenza della famiglia naturale e tradizionale si può dire quasi giunto al termine grazie alla introduzione di legislazioni sempre più favorevoli al divorzio , alla interruzione di gravidanza, alle teorie di genere.

2a. Legge sulla interruzione di gravidanza

Sulla scia della liberalizzazione della donna, dopo l'introduzione del divorzio apparve, sempre in Russia, per la prima volta nella storia[29], un decreto che permetteva l'interruzione di gravidanza come cosa riconosciuta dalla legge e quindi legittima: il 16 novembre 1920 il Governo sovietico emise un decreto di annullamento della sanzione penale dell'aborto[30] .

---

http:/www.centroculturalesangiorgio.com il 19 novembre 2011. Potrebbe essere una descrizione attuale del nostro Paese!

29 Gli altri Paesi occidentali vi giungeranno molto più tardi: il primo sarà la Gran Bretagna nel 1967, gli Stati Uniti nel 1973, l'Italia nel 1978.

30 "*Mentre i resti del passato e le difficili condizioni del presente obbligano alcune donne a praticare l'aborto, il Commissariato del Popolo per la salute e il benessere sociale e il Commissariato per la Giustizia considerano inappropriato l'uso di misure penali e pertanto per preservare la salute delle donne e proteggere la razza contro i praticanti ignoranti e ambiziosi si delibera: l'aborto, l'interruzione della gravidanza per mezzi artificiali, si terrà in maniera gratuita presso gli ospedali statali dove le donne godono della massima sicurezza nella operazione*". Decreto del Commissariato del Popolo e per la salute e il Commissariato per la Giustizia della

La visione sovietica, contrapponendosi al giusnaturalismo, considerava la famiglia come un istituto non naturale ma artificiale tipico di un modo ingiusto e corrotto, quello borghese, "*che riconosce la proprietà privata dei beni materiali e quella che per i sovietici è la proprietà privata degli affetti, la famiglia appunto*"[31]. Lenin, considerando come cosa giusta l'abolizione della proprietà privata, coerentemente prevedeva anche l'estinzione dei rapporti familiari moglie – marito, genitori – figli: l'uomo e il bimbo di conseguenza sono pura materia, senza anima e destino immortali. R. Schlesinger[32] sostenne che dal momento che le donne erano state esortate ad entrare nella forza – lavoro del Paese era necessario e logico che controllassero la loro fertilità. La teoria maggioritaria e dominante considerava un peso la figliolanza e quindi la necessità di liberare le donne da questa era impellente ed anzi il Partito si avvalse dell'aiuto di imponenti campagne per la diffusione della contraccezione che liberava la donna dai figli e risolveva anche il problema delle interruzioni di gravidanza volontarie.

Nonostante ciò le donne per poter lavorare invece di tenere sotto controllo la propria fertilità risolvevano il problema delle gravidanze indesiderate con un numero sempre crescente di interruzioni volontarie al punto che alla fine degli anni venti anche i vertici del

---

Russia sovietica tradotto dal Die Kommunistische Fraueninternazionale, Aprile 1921, Donne e Rivoluzione , n. 34, Primavera 1988.

31 Agnoli Francesco, *Storia dell'aborto nel mondo*, Ed. Segno, Udine, 2004, p. 10.

32 Cfr. R. Schlsinger, *The family in the URSS*, Routledge and Kegan Paul, Londra, 1949.

Partito consideravano tale pratica "*massiccia e orribile*"[33] . Conseguenza di ciò fu che i vertici del Partito dovettero nel 1936 nuovamente emanare una legge che considerasse illegale l'interruzione di gravidanza e ciò rimase fino al 1955 quando, cessate le emergenze di tipo demografico e militare, L'Unione sovietica approvò una nuova legge in materia ampiamente permissiva motivandola con il principio che "*la donna avrebbe il diritto di determinare le dimensioni della propria famiglia e che l'interruzione di gravidanza costituirebbe uno strumento legittimo per realizzare siffatto scopo*"[34]. La legge sulla interruzione di gravidanza sovietica costituì il modello per molti altri Paesi dell'est Europa: la Polonia, la Bulgaria, la Romania e l'Ungheria introdussero un sistema permissivo nel 1956, la Cecoslovacchia nel 1958 e la Jugoslavia nel 1960[35].

Le motivazioni che spinsero i Paesi cristiani dell'Europa occidentale, dopo la legislazione sovietica, a emanare leggi per l'interruzione volontaria della gravidanza sono molte. Sarà necessario trovare le motivazioni nella mentalità consumistica e permissivistica prodotta dal lavoro extrafamiliare delle donne che costituì allora e

---

33 Ronco M., *L'aborto in quattro Paesi dell'Europa occidentale: legislazione e cause*, p.2, consultabile on line su www.alleanzacattolica.org.

34 Kingler A., *Demographic effects of abortion legislation in some European socialist countries,* in AA.VV., Procedings of the world population conference, Belgrado 1965, vol. II, United Nations, New York, 1967, p. 89.

35 La Repubblica democratica di Germania, invece, approvò una legislazione particolarmente pro aborto nel 1965 ma la causa è da ricercarci non in una intenzione contraria della maggioranza della popolazione e dei governanti ma alla esistenza di problemi più urgenti da risolvere quali la popolazione stremata dalla seconda guerra mondiale, l'emigrazione di massa e l'oppressione politica. Cfr. D. Callahan, *Abortion: law, choise and morality,* Collier – Macmillan, Londra, 1970, pp. 226-239.

costituisce oggi la base per la rivendicazione di libertà personale e autodeterminazione che di fatto travalica i diritti degli altri e i valori inerenti alla dignità della vita e della persona umana. E' un dato di fatto, nella storia dell'uomo, che la prepotenza del fatto compiuto tende sempre a prevaricare sulle esigenze di giustizia che derivano dal diritto e *"quanto maggiore è la ripetizione di episodi in contrasto con gli orientamenti del diritto, tanto più forte si fa la pretesa degli autori di tali fatti di vedere legittimati gli stessi e delegittimare il diritto che si oppone a essi qualificandoli come delitto"*[36]. Tutti coloro che hanno sostenuto le legislazioni pro – aborto rivendicavano il fatto che le interruzioni di gravidanza venivano compiute clandestinamente con notevole frequenza quindi coloro che lo facevano non dovevano assolutamente essere soggetti a sanzioni penali: tale concetto si basa sulla ineluttabilità del fatto ripetuto. Ciò vuol significare che poiché l'aborto viene in concreto effettuato illegalmente sia necessario renderlo legittimo affinché tale pratica venga meno.

Tale motivazione è alquanto irrazionale e falsa in quanto si basa su dati non certi (visto che il numero delle interruzioni è sconosciuto essendo queste clandestine) e si poggia sulla evidenza del presunto fatto compiuto ignorando che la "*legge ha la capacità di orientare le coscienze per la sola ragione di esprimere la riprovazione o l'approvazione sociale di una determinata classe di fatti*"[37] e, cosa

36 Ronco M., op. cit., 1986, p. 8 consultabile online su www.alleanzacattolica.org.

37 Sul punto si veda Andenaes J., *La prevenzione generale nella fase della minaccia, dell'irrogazione e dell'esecuzione della pena*, in AA.VV., Teoria e prassi della prevenzione generale dei reati, a cura di M. Romano e F. Stella, Il Mulino, Bologna, 1980, p. 33 e segg.

ancor più grave che "*la legislazione di una generazione può divenire la morale della generazione successiva*"[38]. Se ciò detto è vero e cioè che la legge orienta e condiziona la morale dei più tramite il giudizio sottinteso a ciò che viene permesso o meno allora è fortemente erroneo basare la legislazione sul presunto fatto compiuto come se questo già in sé contenesse una valenza di normatività.

La diffusione delle leggi permissive corrisponde anche alla realizzazione di un progetto di trasformazione sociale volto a distruggere la famiglia perché cellula fondamentale della società al fine di rendere l'individuo sempre più isolato e impotente innanzi alla invadenza statale; nel passato è stata presente una volontà politica di concedere alla donna la facoltà di poter decidere, in maniera autonoma, se proseguire o meno la gravidanza[39] e alla base di questo

38 J. Andenaes, op. cit., p. 34

39 Diversi gli Stati in cui è legale ma limitata in termini temporali: in 37 Paesi (su circa 70 che la consentono) si può interrompere la gravidanza entro le prime 12 settimane di gestazione; altrove il limite si estende a 14. Fra i Paesi in cui è possibile abortire senza altra imposizione che il trimestre ci sono, fra gli altri, Stati Uniti, Canada, Australia, Russia, Cina,Italia, Germania, Francia e molti altri in Europa. In Paesi come Cipro, Giappone e India l'aborto è consentito in molti casi: salute fisica e mentale della donna, malformazione del nascituro, stupro e la condizione socioeconomica della gestante, in cui rientrano le sue risorse, l'età, lo stato civile e il numero di figli già nati. . In molti Paesi del Sud America, dell'Africa, del Medio Oriente e del sud-est asiatico l'aborto è strettamente limitato dalla legge. Angola, Egitto, Gabon, Guinea-Bissau, Madagascar, Senegal, Iraq, Laos, Isole Marshall, Filippine, Repubblica Dominicana, El Salvador, Haiti e Nicaragua sono solo alcuni dei Paesi in cui l'interruzione volontaria di gravidanza non è consentita nemmeno nel caso in cui la vita della gestante sia in pericolo. Condizione che invece la autorizza, fra gli altri, in Nigeria, Somalia, Libia, Sudan, Afghanistan, Bangladesh, Paraguay, Venezuela e Indonesia. In quest'ultimo Paese l'aborto è permesso anche in caso di stupro e malformazioni del feto, come anche in Messico, Cile e Panama. Nella maggior parte dei Paesi europei l'aborto è consentito su richiesta della gestante senza restrizioni se non quelle imposte dalle settimane di gravidanza ed eventualmente dall'autorizzazione dei genitori nel caso di minorenni. Fra questi, oltre a quelli già citati, Belgio, Portogallo, Spagna, Norvegia, Svezia, i Balcani, Ucraina ed Estonia.

non è da ravvisare solamente una mentalità consumistica ed edonistica ma una ideologia ugualitaria che non tollera diseguaglianze tra l'uomo e la donna e non prevede le responsabilità sociali che scaturiscono dall'accoglimento della vita nascente. Il socialismo reale, infatti, tramite la liberalizzazione della donna dalla maternità e dal compito educativo dei figli intende conseguire la piena realizzazione dell'ideale di uguaglianza sociale e lavorativa di questa con l'uomo finendo però per distruggere completamente la famiglia.

I Governi hanno utilizzato nel tempo ogni migliore energia per convincere le donne ad abbracciare gli ideali di indipendenza e autodeterminazione unendo le politiche per l'interruzione della gravidanza a quelle per la contraccezione e mirando a far capire che la sessualità doveva essere disgiunta dalla procreazione. Conseguenza di ciò è stata la parificazione della donna con l'uomo come merce – lavoro e la sottomissione della Società al controllo statale. "*Che la diffusione dell'aborto costituisca lo strumento principale per l'attuazione di un siffatto progetto è particolarmente evidente nei paesi a dominio socialista, ove l'intento è chiaramente enunciato nei programmi del partito comunista volti a legittimare l'aborto volontario. Ma lo stesso effetto strutturale è prodotto in Occidente dalle leggi permissive che riconoscendo un diritto soggettivo laddove vi è piuttosto un delitto, tolgono in realtà alla donna i diritti e i doveri che fanno della stessa il pilastro decisivo per la perpetuazione della*

Ma ci sono ancora molti Stati in cui l'ivg non è consentita se non in casi di straordinaria gravità. In Andorra, Malta e a San Marino nessuna eccezione specifica è prevista dalla legge. Cfr. Center for Reproductive Rights consultabile online sul proprio sito.

famiglia come cellula fondamentale della vita associata"[40].

Oggi le reali difficoltà che soffre la condizione femminile sono costituite dalla dislocazione delle donne nel mondo del lavoro, esterno quindi alla famiglia e la completa svalutazione dell'impegno educativo e lavorativo di queste in ambito ancillare. L'ideologia ugualitaria e le necessità economiche sempre più stringenti a causa della mentalità consumistica allontanano costantemente la donna dall'impegno materno e domestico poiché questi sono considerati un limite e un pericolo per la propria autonomia e per il proprio posto di lavoro. Appare chiaro che in tale contesto la contraccezione e l'interruzione della gravidanza costituiscono la certezza di non perdere i propri benefici senza però considerare che le leggi permissive in materia hanno provocato nel passato, continuano nel presente e continueranno nel passato, l'abbandono della famiglia e l'affidamento improprio dei compiti educativi dei figli allo Stato o altre agenzie a ciò adibite.

Il risultato finale sarà una progressiva compressione della libertà individuale a beneficio del potere dello Stato che si estenderà quanto più i cittadini abbandonano i loro compiti, i loro doveri e le loro responsabilità.

E' facile, in conclusione, ravvisare nella portata di questa "innovativa" legislazione il fine di indebolire la famiglia tradizionale affinché questa non sia più " *fonte di identità e valori, non semplicemente il frutto di una neutrale volontà di promuovere una liberazione dei costumi ma risponde piuttosto al progetto di creare un*

40 Ronco M., op. cit., p. 11.

uomo radicalmente nuovo che poggi esclusivamente sul partito e si identifichi in esso come ideale, modello e valore esauriente della vita. Così anche questo cerchio si chiude: dalla totale liberalizzazione si passa al totale controllo dell'Io e dei suoi affetti, per arrivare poi, attraverso un radicale materialismo, alla definitiva espulsione di Dio dalla vita e alla creazione di una vera religione atea"[41].

Il presupposto filosofico che si pone alla base di simili scelte fu di tipo materialistico o materialistico – panteistico, per il quale la prima società naturale non è la famiglia ma lo Stato, la Comunità politica, l'entità astratta detta *Volk,* il popolo. Ed è proprio nell'interesse di quest'ultimo che la gioventù deve essere fisicamente sana e forte: i deboli e gli indesiderati andranno eliminati. "*Secondo la concezione dialettica della storia la famiglia, come unione di genitori e figli, non è neppure una istituzione naturale, presente nelle realtà e quindi valida di per se stessa, ma una creazione dei tempi e della struttura economica, al punto che, secondo Fourier, apprezzato da Marx, il sentimento dei genitori verso i figli e viceversa è una pura invenzione poiché il bambino non conoscendo l'atto che è all'origine della paternità non può provare sentimenti filiali: la famiglia deve variare quindi*"[42] .

---

41 Dell'Asta Adriana – Carletti Marta – Parravicini Giovanna, *op. cit.* , p. 121.

42 Cfr. *Breve storia dell'aborto*, tratto da www.fuocovivo.org. Sul punto bisogna aggiungere le parole di Volfson che dichiarò: "*da noi ci sono tutti i motivi per credere che quando si imporrà il socialismo la riproduzione non sarà più affidata alla natura";* lo staliniano Preobrazenskij, affermò poi che "*da un punto di vista socialista non ha senso che un membro della società consideri il proprio corpo come una sua proprietà privata inespugnabile perché l'individuo non è che un punto di passaggio tra il passato e il futuro e alla Società spetta il diritto totale e*

ITALIA

Come è noto la fase sociale della Rivoluzione russa, materialista ed atea, si è conclusa, alla fine degli anni ottanta, con il crollo dell'impero sovietico, scoprendo il velo sul fallimento degli ideali tanto cari e propagandati dai rivoluzionari nonché sul disastro socio – familiare e individuale che questi avevano prodotto.

Ciò che si era compiuto in Russia miseramente, prese avvio in Italia quando, con i movimenti studenteschi del 1968[43], cominciò la

---

incondizionato di intervenire con le sue regole fin nella vita sessuale per migliorare la razza".

43 Il Sessantotto (o movimento del Sessantotto) è il fenomeno socio-culturale avvenuto nel 1968 nel quale grandi movimenti di massa socialmente eterogenei (operai, studenti e gruppi etnici minoritari), formatisi spesso per aggregazione spontanea, attraversarono quasi tutti i Paesi del mondo con la loro forte carica di contestazionesui pregiudizi socio-politici. La portata della partecipazione popolare e la sua notorietà, oltre allo svolgersi degli eventi in un tempo relativamente ristretto e intenso, contribuirono a identificare il movimento col nome dell'anno in cui esso si manifestò (o fu più attivo). Il Sessantotto è stato un movimento sociale e politico che ha profondamente diviso l'opinione pubblica e i critici, tra chi sostiene sia stato uno straordinario momento di crescita civile (che abbia portato ad un mondo «utopicamente» migliore) e chi sostiene invece sia stato il trionfo dell'asineria, che rovinò la società italiana, e del conformismo_di massa in cui i figli della borghesia avrebbero voluto abbattere il sistema borghese. Il suo inizio viene fatto coincdere con il 1966: quell'anno, infatti, il giornale studentesco del Liceo Parini *La zanzara* pubblicò un'inchiesta-sondaggio su tematiche sessuali intitolata *Un dibattito sulla posizione della donna nella nostra società, cercando di esaminare i problemi del matrimonio, del lavoro femminile e del sesso*, a firma di Marco de Poli, Claudia Beltramo Ceppi e Marco Sassano. Nell'articolo si poteva leggere: «*Vogliamo che ognuno sia libero di fare ciò che vuole a patto che ciò non leda la libertà altrui. Per cui assoluta libertà sessuale e modifica totale della mentalità.*» e «*Sarebbe necessario introdurre una educazione sessuale anche nelle scuole medie in modo che il problema sessuale non sia un tabù ma venga prospettato con una certa serietà e sicurezza. La religione in campo sessuale è apportatrice di complessi di colpa*». I

cosiddetta "rivoluzione culturale"; quest'ultima, a differenza della rivoluzione sociale bolscevica che si proponeva di mutare la società rovesciando le gerarchie sociali, la borghesia, la nobiltà e tutto ciò che era di contorno ad esse, aveva uno scopo eversivo più grande: rovesciare l'interiorità dell'uomo.

Questa rivoluzione che si è compiuta e si sta compiendo in Italia non ha neanche bisogno di essere atea poiché tutto è permesso e tutto è accettato ed il fine ultimo sarà *"una intemperie culturale ovvero un degrado della ragione, una flaccida rinuncia alla intelligenza e una sorta di sinistro rimbecillimento volontario"*[44].

Dopo lo sforzo bellico della seconda guerra mondiale a cui seguì quello per la ricostruzione iniziò nel popolo italiano una secolarizzazione pesante, da un lato ad opera degli intellettuali, gli editori, gli artisti e i docenti dei vari gradi della Scuola pubblica che, iniziando ad allontanarsi dalla Fede, cominciarono a combattere la mentalità definita clericale, dall'altro un mondo politico ansioso di recepire tutte le normative che di fatto lasciavano poco spazio a ciò che fino ad allora si era dato per certo ed una Chiesa cattolica che non riuscì a percepire quanto questi movimenti sarebbero stati pericolosi per lei e per il Popolo di Dio[45].

---

redattori della *Zanzara* e il preside dell'Istituto, Daniele Mattalia, furono incriminati e processati. Il Tribunale di Milano assolse in seguito tutti gli imputati e il Presidente disse ai ragazzi: «N*on montatevi la testa, tornate al vostro liceo e cercate di dimenticare questa esperienza senza atteggiarvi a persone più importanti di quello che siete"; tratto da* Indro Montanelli e Mario Cervi, *L'Italia degli anni di piombo*, Rizzoli, Milano, 1991, p. 98.

44 Blondet M., *Aborto – il genocidio del XX secolo*, Effedieffe, Milano, 2000, p.32.

45 Sul punto si leggano le parole di Romano S. il quale disse che "*lo Stato nella formazione dell'italiano medio ha avuto una parte marginale. Non essendo riuscito*

Cavallera, intuendo ciò che avveniva, ovvero, le spinte culturali e sociali che cominciavano a respingere l'idea di famiglia tradizionale e la dicotomia uomo - donna, scrisse che "*tutto sembra pronto per essere rovesciato*"[46].

Augusto Del Noce nel 1970, voce sola ed isolata, scrisse che "*dire che il carattere di offensiva in grande stile contro la morale cattolica non fu percepito adeguatamente neppure nelle alte sfere religiose è probabilmente essere nel vero. Forse perché intese, negli anni tra il '45 e il '60, soprattutto alla resistenza contro il comunismo, non avvertirono esse l'importanza della avanguardia letteraria e di tutta la filosofia soggiacente al processo da Sade al surrealismo (ed è anche vero che allora questo capitolo non appariva in nessuna Storia della filosofia); e videro nelle manifestazioni che essa aveva nel romanzo e nello spettacolo, soprattutto un fatto di cattivo gusto o di commercio: ravvisarono la pornografia, laddove si trattava invece*

---

ad elaborare, dopo la Guerra, una nuova politica di educazione nazionale si è accontentato d'impartire stancamente valori e nozioni derivati dalla Scuola unitaria con qualche richiamo alla resistenza e molti imbarazzanti silenzi sino a quando la crisi degli anni 60 ha fatto della Scuola una zattera senza timone, un luogo in cui la somma delle buone volontà e delle incompetenze dava il più delle volte un risultato negativo. In questo vuoto fiorivano manifestazioni di cultura spontanea e società parallele talora ispirate a modelli stranieri, talora ad antichi modelli italiani: comunità cattoliche, hippies, anarchici, associazioni mafiose, rivoluzionari. Stretti fra un mondo vecchio non ancora morto ed uno nuovo non ancora nato gli italiani davano la sensazione di indossare un abito non loro e di starvi a disagio. I vecchi punti di riferimento erano scomparsi e con loro erano scomparsi il conforto che si accompagna alla certezza della propria origine e della propria collocazione sociale". Romano S., *Storia d'Italia – dal risorgimento ai giorni nostri*, Mondadori, Milano, 1997, pagg. 335 segg.

46 Cavallera H.A., *Storia dell'idea di famiglia in Italia. Dall'avvento della Repubblica ai giorni nostri*, La Scuola, Brescia, 2006, p. 72.

dell'erotismo"[47].

Con il 1968, iniziarono le grandi battaglie ideologiche e di costume che portarono, nel tempo, alla depenalizzazione dell'adulterio[48], alla legalizzazione del divorzio, l'istituzione degli asili nido comunali e la tutela delle lavoratrici madri, la legalizzazione della interruzione volontaria di gravidanza, la regolamentazione della procreazione medicalmente assistita, la legalizzazione e sostegno delle unioni di fatto e delle coppie omosessuali, l'accettazione sociale delle ideologie di genere.

Senza la pretesa di essere esaustivi analizziamo brevemente le innovazioni più importanti che di fatto mutarono radicalmente l'idea di famiglia e concretizzarono il cambiamento culturale italiano che dura fino ai giorni nostri ed anzi si arricchisce con contenuti sempre nuovi e sempre più spinti.

---

47 Del Noce A., *L'erotismo alla conquista della Società,* Giuffrè, Milano, 1993, p. 87.

48 L'adulterio venne definitivamente dimenticato come reato in seguito alle Sentenze della Corte Costituzionale del 19 dicembre 1968, n. 126 e del 3 dicembre 1969, n. 147 che dichiararono incostituzionali i delitti di adulterio e di concubinato. Appare chiaro ed ovvio che i reati così come venivano configurati allora ledevano fortemente il principio di uguaglianza tra uomo e donna ma in una ottica di difesa della famiglia si sarebbe dovuto prevedere la stessa colpa sia per gli uomini che per le donne invece che la mera eliminazione del reato. L'eliminazione del delitto di adulterio attenuò di fatto l'importanza della fedeltà coniugale tanto che, negli anni che seguirono, questa divenne più irrilevante.

3. Introduzione della cessazione degli effetti civili del matrimonio.

Il progetto di Legge che portò alla introduzione del divorzio in Italia fu sottoscritto dai deputati Loris Fortuna e Antonio Baslini[49]; essi coronavano un antico sogno di tutti gli anticlericali dell'epoca che già avevano tentato di far approvare una legislazione in tal senso ma con minor fortuna[50] . La battaglia, che vide un mondo cattolico e la stessa Chiesa molto tiepidi sul piano del contrasto, evidenziò fin da subito la errata contrapposizione di coloro che erano animati da motivi confessionali contro quelli che vedevano nella approvazione di una legge siffatta una battaglia di civiltà. In effetti porre il dibattito sul piano morale e non antropologico[51] fu un grande errore logico poiché,

---

49 Il 7 ottobre 1968 il liberale Baslini presenta un progetto di Legge sul Divorzio, più moderato e in sostanza peggiorativo rispetto alla proposta Fortuna per due aspetti: 1)la separazione di fatto da almeno cinque anni non è equiparata alla separazione legale dei coniugi, come invece accade nel progetto Fortuna; 2) si accorda al giudice la facoltà di rinviare di altri due anni la sentenza di divorzio in presenza di non meglio precisate particolari situazioni familiari. La Legge Fortuna che passò invece al vaglio della Camera, nella prima votazione del novembre 1969 a scrutinio segreto ottenendo 325 voti favorevoli e 283 contrari. Il Senato che votò il 9 ottobre 1970 approvò con 164 voti favorevoli e 150 contrari. Il testo, tornato alla Camera in una lunghissima seduta che durò dal 24 novembre al 1 dicembre 1970 approvò in via definitiva la Legge Fortuna – Baslini con 319 voti favorevoli e 286 contrari dopo un iter parlamentare travagliato, molto lungo e particolarmente difficile.

50 Cfr. sul punto Scirè G., *Il divorzio in Italia. Partiti, Chiesa, Società civile dalla legge al referendum (1965-1974)*, Mondadori, Milano, 2007.

51 Tale errore fu poi stigmatizzato più volte da Giovanni Paolo II che, nelle udienze del mercoledì, ribadì l'insegnamento della Chiesa sull'amore umano e sulla teologia del corpo: cfr. Giovanni Paolo II, *Uomo e donna lo creò. Catechesi sull'amore umano*, Città nuova, Roma, 2007. Documento importante di sua Santità Giovanni Paolo II è l'esortazione apostolica *Familiaris consortio circa i compiti della famiglia cristiana*

la mera difesa di un sacramento della Chiesa cattolica dette di fatto ragione ai divorzisti che opponevano, giustamente, che tutti i cittadini di diversa fede dalla cattolica avrebbero avuto diritto ad una legislazione che li poneva nella condizione di recuperare, nelle ipotesi di fallimento matrimoniale, la loro libertà di stato[52].

Alla emanazione delle Legge seguì, dopo quattro anni, un

---

nel mondo di oggi, del 22 novembre 1981. Cfr. Y. Semen, *La sessualità secondo Giovanni Paolo II,* San Paolo, Cinisello Balsamo, 2005; R. Marchesini, *L'identità di genere,* I quaderni del Timone, Milano, 2007; Roze E., *Verità e splendore della differenza sessuale,* Cantagalli ed., Siena, 2014.

52 Tale posizione dei cattolici fu fortemente criticata all'epoca poiché si riteneva che "*in Italia non c'è il divorzio perché non lo vuole la Chiesa, non lo vuole quella parte del mondo cattolico che ha un atteggiamento di stretta osservanza verso gli insegnamenti della Chiesa, non lo vuole il partito che pur rifiutando di chiamarsi cattolico è di fatto strettamente legato al mondo cattolico e alla gerarchia ecclesiastica. Esiste dunque, per il divorzio in Italia, un veto cattolico che non ha mai perso nulla della sua intransigenza: i cattolici non vogliono che in Italia sia introdotto il divorzio, non amano che se ne parli, subordinando a questa loro posizione ogni possibilità di intese e di collaborazioni politiche. L'opposizione cattolica al divorzio si basa su ragioni che hanno radice nella fede religiosa. Alla concezione del matrimonio come sacramento si lega il principio, inderogabile e indiscutibile, della indissolubilità. Si tratta dunque di una motivazione che vale per i cattolici e soltanto per essi: non può valere per quanti, vivendo fuori dalla fede cattolica, non possono contrarre un matrimonio che abbia il significato e il valore dell'unione, consacrata dalla Chiesa, fra persone che quella fede professano. Perché allora il veto cattolico contro il divorzio si estende ai non cattolici, si estende al matrimonio civile e agli effetti civili del matrimonio religioso, e cioè a un campo che non rientra nel dominio della Chiesa, che non obbedisce ai precetti della fede, ma alle regole di origine e di natura mondana proprie a una società civile? La domanda è stata spesso rivolta ai cattolici e la risposta è sempre stata una sola: il diritto della maggioranza. I cattolici in Italia costituiscono una compatta maggioranza, avrebbero il diritto di imporre a tutti gli italiani, professino o non professino la fede cattolica, un matrimonio rispondente alle loro concezioni religiose e morali. Il discorso acquista così un interesse che va anche al di là del tema dal quale prende le mosse, per investire lo stesso modo di intendere la democrazia*"; si veda sul punto Barile, Bellini, Berutti, Galante Garrone e altri, *Il divorzio in Italia*, La Nuova Italia, Firenze, 1969, p. 12.

referendum abrogativo che venne approvato solo dal 40,7% dei votanti mentre il restante 59,3% lo bocciò senza indugio. Il non accoglimento del quesito referendario segnò l'inizio della lenta agonia del matrimonio e della famiglia tradizionale italiana. Si avverava il detto latino *Lex creat mores* ed oggi a circa quarantanni da quei giorni gli effetti si vedono chiaramente. Le famiglie regolari sono divenute minoranza, diminuiscono costantemente i matrimoni sia religiosi che civili, diminuiscono i bambini che richiamano gli adulti a degli impegni che non vogliono più assumere, aumentano le libere convivenze e un numero sempre maggiore di giovani non hanno come obiettivo di vita quello di formarsi una famiglia unendosi in maniera stabile ad un uomo o una donna. La conseguenza principale è la precarietà di vita degli adulti prima e dei giovani che da questi sono cresciuti. Il divorzio non è un problema dei cattolici come ripetono in molti e il Prof. G. Lombardi disse a tal proposito che "*se gli italiani approvano la legge sul divorzio distruggono la famiglia tradizionale e la stessa società italiana, poiché la società si fonda sulla famiglia prima che sullo stato*"[53]. Prevalse il relativismo dunque, l'individualismo e il senso della vita dimenticando che se una Verità assoluta non esiste con lei cessano i valori veri e fondanti quindi non esiste più nulla per cui la vita vale la pena di essere spesa e vissuta.

Il Referendum ebbe però poca fortuna e di fatto contribuì a far affiorare la crisi profonda che era già in atto sulla Chiesa italiana che non riusciva ad essere una guida sicura, solida e certa per il suo

---

53 Lombardi G., consultabile online su www.uccr.it

popolo; si scopriva che l'Italia era una Nazione con la maggioranza dei cittadini battezzati nella Chiesa cattolica ma, tra coloro, vi erano molti, forse troppi, che non gradendo lo scontro con le forze progressiste, erano disposti a sacrificare parte dei propri principi[54] .

Nel decennio che seguì sembrò palese che l'anelito religioso era scomparso dalla vita pubblica del Paese e venne sostituito dalla ideologia di ottenere un "mondo diverso" con ogni mezzo, anche con la violenza; ciò portò ad armare molte mani sacrificando sangue innocente.

3a. La legge 194/1978 ovvero l'interruzione volontaria di gravidanza.

La legge n. 194 del 22 maggio 1978 fu emanata dopo un quinquennio di discussioni e trattative. Anche per questa legge l'argomento principale portato a suo sostegno fu la liberalizzazione delle donne dalla schiavitù di portare a termine gravidanze non volute o, peggio, di dover ricorrere all'aiuto di centri clandestini dove effettuare l'intervento senza alcuna garanzia. L'opinione pubblica fu bombardata da cifre enormi di donne le quali, dovendo ricorrere alle interruzioni clandestine, avevano sofferto le pene dell'inferno e la Chiesa si mostrò ancora una volta debole non riuscendo a schierarsi totalmente e con fermezza contro tale abominio.

La cultura che fece da base alla emanazione della Legge 194 era

54 Sul punto è interessante la tesi di Lombardi Gabrio, *Perché il referendum sul divorzio? 1974 e dopo,* Ares, Milano, 1988.

impregnata da nichilismo, consumismo e materialismo e tendeva ad annullare il desiderio della vita familiare e della genitorialità. L'amore doveva e deve essere vissuto senza impegno, senza prospettive ed ognuno deve rimanere chiuso nell'ambito della soddisfazione personale, egoistica e narcisistica[55] ; *"il sentire comune invitava i giovani alla carriera, al divertimento fine a se stesso, alla importanza del lavoro al di sopra di ogni altra cosa*"[56].

Il fatto nuovo di questa nostra epoca fu colto in maniera mirabile da Vallauri il quale sostenne che "*l'abortismo come teoria, come ideologia è un fatto circoscritto alla civiltà occidentale moderna*"[57].

Nel XX secolo apparve per la prima volta, infatti, l'interruzione di gravidanza come un diritto rivendicato, giustificato filosoficamente e codificato dalle leggi.

Meotti aggiunse poi che "*nel 1995 l'Atlantic Monthly pubblicò un lunghissimo saggio dal titolo On abortion: a lincolnian position. Il magazine spiegava che nella saggistica democratica la parola aborto stava rapidamente scomparendo, nascosta sotto le maglie rassicuranti di parole neutre e asettiche come - procedura sanitaria riproduttiva e fine della gravidanza e che il cosiddetto diritto all'aborto si era travestito con il termine placebo di libertà procreativa. Nel progetto di*

---

55 D'altronde, secondo l'ideale marxista, veniva predicato che "*sulle rovine della vecchia famiglia si vedrà presto spuntare una nuova forma che comporterà delle relazioni completamente diverse tra l'uomo e la donna; la loro unione sarà d'affetto e di cameratismo, l'unione di due membri uguali, liberi, indipendenti, lavoratori... il matrimonio si trasformerà in una associazione sublime di due anime che si amano*". Cfr. Ibid., p. 211-212.

56 Agnoli F., *Storia dell'aborto nel mondo,* Segno ed., Udine, 2004, p. 32.

57 Lombardi Vallauri, L., *Abortismo libertario e sadismo*, Scotti Camuzzi, Milano 1976, p. 15.

legge del 1993 di Bill Clinton con il quale venivano nazionalizzati i fondi federali per l'aborto, non compariva mai la parola aborto nelle oltre 1300 pagine di cui era composto. Un famoso polemista di sinistra, Christopher Hitchens, in un lontano articolo del 1989 sulla rivista progressista The Nation scrisse che il feto veniva sempre più considerato come una protuberanza della donna, una escrescenza amputabile"[58].

3b. La Legge 40/2004 in materia di procreazione medicalmente assistita [59].

Nella convinzione che le battaglie di civiltà e la necessità di un mondo nuovo e moderno dove i diritti del singolo possano essere tutelati e assecondati in un progetto altamente individualista si arrivò alla emanazione della Legge 40/2004[60]; questa, introducendo la procreazione assistita, rimane in contrasto con le teorie della decostruzione della persona umana anche se, nei punti in cui vieta la fecondazione eterologa, pone dei limiti alla pratica normata[61] .

La distruzione della famiglia, tenacemente portata avanti dai

58 Meotti G., *Pro – life o pro – choice*, in Rivista Tempi, versione web, consultabile su http/tempi.it/, n. 11, 10 marzo 2005.

59 La legge recante il titolo Norme in materia di procreazione medicalmente assistita è la L. 19 febbraio del 2004 n.40 .

60 La legge n. 40 del 19 febbraio 2004 nota anche come Legge 40/2004 consente il ricorso alla procreazione medica assistita.

61 Il partito radicale italiano, il 25 marzo 2004, propose un Referendum abrogativo della Legge che non ottenne il successo sperato a causa di una astensione massiccia degli aventi diritto al voto.

suoi, si avviava tristemente a compiersi e le cause, tutt'altro che sostenitori economiche come vorrebbero farci credere, furono culturali.

Roberto Volpi sintetizza efficacemente tale concetto nel momento in cui scriverà che: *"i giovani non si sposano per scelta perché il matrimonio e la famiglia non rappresentano più un ideale di vita, perché è andata perduta la consapevolezza di vivere per qualcosa e per qualcuno che vada oltre l'esistenza terrena e perché preferiscono stare il più a lungo possibile nella famiglia di origine, avendo in questa condizione molti vantaggi e nessun costo. Ma in questa situazione non costruiscono nulla. I figli non nascono perché sono giudicati inessenziali nella vita di coppia. Questa è una grande rivoluzione che ha cambiato completamente il quadro culturale negli ultimi trenta anni. La coppia ha sempre altre priorità rispetto al mettere al mondo dei figli, meno costose, meno drammatiche , meno impegnative. La maternità è stata occupata dalla medicina"*[62] . La legge ebbe un esito lungo e travagliato proprio per le conseguenze e le implicazioni correlate alla sua approvazione e consente il ricorso alla procreazione medica assistita solo "*qualora non vi siano altri metodi terapeutici efficaci per rimuovere le cause di sterilità o infertilità*" mentre sono vietate la fecondazione eterologa cioè con un donatore esterno alla coppia e la clonazione umana. Proprio questa ultima ovvero la fecondazione eterologa che ad oggi risulta vietata dalla legge viene ammessa da chi questa è chiamato ad applicare. Secondo

62 Volpi R., *La fine della famiglia. La rivoluzione di cui non ci siamo accorti*, Mondadori, Milano, 2007, p. 25.

la giurisprudenza[63] in materia la fecondazione eterologa sarebbe in grado di garantire la libertà della coppia ma, senza tema di smentita, si può affermare che i Giudici o non colgono il problema o fanno finta di poiché non solo non ne garantisce la libertà ma ne sancisce la fine dal momento che inserisce un terzo o anche un quarto elemento all'interno della coppia stessa.

"La genitorialità che alcuni ritengono essere tutelata dalla fecondazione eterologa, proprio da quest'ultima viene definitivamente distrutta poiché viene scissa e divisa, adespotizzata si direbbe in termini giuridici, in capo ad una moltitudine di soggetti diversi che

---

63 Dal giorno della entrata in vigore alla legge ad oggi sono state poche le pronunce favorevoli alla Legge 40 mentre moltissime quelle contrarie a dimostrazione di quanto sia pesante la spinta culturale verso una legge più permissiva. Tra queste ricordiamo nel 2007 il Tribunale di Cagliari e di Firenze hanno ritenuto ammissibile la diagnosi genetica pre – impianto (DGP), così come il Tribunale di Bologna nel 2009, il Tribunale di Salerno nel 2010. Nel 2008 il Tar del Lazio annulla per eccesso di potere le linee guida ministeriali che ricalcano quanto statuisce la Legge 40 nel punto in cui prevede che l'indagine sugli embrioni possa essere soltanto di tipo osservativo e non selettivo. Ancora nel 2008 il Tribunale di Firenze solleva dubbi di legittimità costituzionale sull'articolo 14 della Legge 40 sul divieto di crioconservazione e soppressione degli embrioni. Nel 2009 la Corte Costituzionale con la sentenza n. 151 dichiara l'illegittimità costituzionale del limite massimo di tre embrioni producibili e il conseguente obbligo di impianto di tutti quelli prodotti. Nel 2010 ancora la Corte Costituzionale conferma quanto già disposto nell'anno precedente. Nel 2010 il Tribunale di Firenze e Catania e nel 2011 quello di Milano sollevano dubbi di legittimità costituzionale circa il divieto della Legga 40 per la fecondazione eterologa. Nel 2012 la Corte Costituzionale riunisce i tre predetti procedimenti e pur non esprimendosi in modo definitivo sulla fecondazione eterologa lascia aperta la possibilità che in futuro le Corti possano decidere in senso favorevole a questa cosa già accaduta nel 2013 quando il Tribunale di Milano statuì che la fecondazione eterologa sia contraria alla libertà genitoriale della coppia. Infine sempre nel 2002 la Corte Europea dei Diritti dell'uomo stabilisce che il divieto di diagnosi genetica pre impianto contemplato dalla Legge 40 sia contrario al diritto al rispetto della vita familiare e al principio di uguaglianza contemplati dagli articoli 8 e 14 della Carta europea dei Diritti dell'uomo.

potrebbero tutti reclamare il diritto di essere genitori, oppure rifiutare tutti un tale diritto dando vita, paradossalmente, ad un orfano in provetta, caso quest'ultimo tutt'altro che infrequente"[64]. Il pensiero post-femminista, grande sostenitore della liberalizzazione della fecondazione eterologa, appare incapace di cogliere la reale portata antifemminista di un simile metodo procreativo e al momento sono poche le coscienze illuminate che hanno posto l'accento su questo; la Mafai scrisse, nel lontano 1997, sui rischi etici e sociali di questa tecnica dicendo che "*stiamo entrando nel grande circuito della mercificazione della gravidanza con tutti i cambiamenti giuridici, etici e psicologici che da questo possono derivare. Avremo tra breve anche noi come in America degli album tra cui scegliere le nostre incubatrici umane. Chi di noi non vorrà portare in grembo il suo bambino potrà, pagando, depositare il suo embrione altrove e tornare a riprenderlo dopo nove mesi. Si rompe così definitivamente un legame naturale, unico, nutrito di sangue e di sogni tra la madre e quello che una volta si chiamava - il frutto del ventre tuo. Non tutto ciò che è possibile allo scienziato può essere considerato lecito*"[65]. I Tribunali, orientati ideologicamente, cercano ed in parte riescono ad orientare l'opinione pubblica contro le evidenze scientifiche ed etiche e come giustamente aveva notato il Prof. Bork R., giudice della Corte Suprema statunitense, "*l'attivismo giudiziario è il risultato dello schieramento dei giudici da una unica parte della guerra culturale – una realtà*

64 Vitale A., *Legge 40/2004: breve storia di un martirio giudiziario*, 2013, consultabile online su www.uccronline.it.

65 Mafai M., *La donna – cosa*, 7 marzo 1997, consultabile online su www.repubblica.it

evidente in tutte le nazioni occidentali anche se alcuni ne negano l'esistenza – combattuta tra la sinistra culturale o progressista e la grande massa dei cittadini che, se lasciata libera di agire, tende ad essere tradizionalista. In definitiva, le corti stanno applicando il programma della sinistra culturale"[66].

3c. La legge n. 76 del 20 maggio 2016 cd Cirinnà[67]

Un altro passo in avanti verso la decostruzione della famiglia tradizionale si consumò con l'approvazione, mediante "fiducia", della cosiddetta Legge Cirinnà, così chiamata dal nome della prima firmataria del testo. La legge n. 76 del 20 maggio 2016 è entrata in vigore il 5 giugno 2016 e successivi decreti attuativi (decreti legislativi n. 5,6,7 del 19 gennaio 2017) e istituisce regolandole le unioni civili tra persone delle stesso sesso, disciplina, inoltre, le convivenze di fatto tra etero e omosessuali. Coloro che fortemente vollero la promulgazione di tale legge fecero leva, tra gli altri motivi, sulla ennesima condanna comminata all'Italia dalla Corte di Strasburgo per il mancato riconoscimento delle unioni civili.

---

66 BORK R., *The tempting of America. The Political Seduction of the Law,* Touchstone Edition, New York, 1991, pp. 153 ss

67 L'unione civile è il termine con cui nell'ordinamento italiano si indica l'istituto giuridico, analogo al matrimonio, comportante il riconoscimento giuridico della coppia formata da persone dello stesso sesso,finalizzato a stabilirne diritti e doveri reciproci. Tale istituto estende alle coppie omosessuali gran parte dei diritti e dei doveri previsti per il matrimonio, incidendo sullo stato civile della persona. L'istituto, in vigore dal 5 giugno 2016, è stato introdotto dall'art 1, commi 1-35, della Legge 20 maggio 2016, n. 76 (cosiddetta legge Cirinnà), pubblicata nella Gazzetta Ufficiale della Repubblica Italiana il 21 maggio 2016 (GU Serie Generale n.118 del 21-5-

Le forme famigliari risultanti dopo l'approvazione della legge risultano essere: il Matrimonio ex artt. 79 cc e ss. e art. 29 Cost. che consiste in un negozio giuridico solenne mediante il quale un uomo e una donna costituiscono tra loro una comunione spirituale e materiale e acquistano lo status di coniuge; l'Unione civile ex art.1[68], commi 1-34[69], art. 2 Cost. Che risulta essere una specifica formazione sociale ritualmente costituita, mediante dichiarazione di fronte all'ufficiale di stato civile e alla presenza di due testimoni, da due persone maggiorenni delle stesso sesso, unite stabilmente da legami affettivi di coppia e di reciproca assistenza morale e materiale. Con la celebrazione della unione le parti acquistano lo status familiare di "unito civilmente"; La convivenza ex art. 1, commi 36-65 e art. 2 Cost. che consiste in due persone maggiorenni unite stabilmente da legami affettivi di coppia e di reciproca assistenza, dello stesso sesso o diverso, morale e materiale non vincolate da rapporti di parentela,

---

2016) e denominata "*Regolamentazione delle unioni civili tra persone dello stesso sesso e disciplina delle convivenze*".

68 L'art. 1, comma 11 della Legge 76/2016 stabilisce i diritti e doveri derivanti dalla unione civile tra persone delle stesso sesso, che caratterizzano il nuovo istituto. La norma riproduce in parte l'art. 143 cc. Che disciplina i diritti e doveri dei coniugi ad eccezione del dovere di collaborazione e dell'obbligo di fedeltà. Il testo della norma infatti prevede che "*con la costituzione della unione civile tra persone dello stesso sesso le parti acquistano gli stessi diritti e assumono i medesimi doveri; dalla unione civile deriva l'obbligo reciproco alla assistenza morale e materiale e alla coabitazione. Entrambe le parti sono tenute, ciascuna in relazione alle proprie sostanze e alla propria capacità di lavoro professionale e casalingo, a contribuire ai bisogni comuni*".

69 Da sottolineare anche che l'inciso finale del comma 11 riproduce l'art. 143, comma 3 CC ma il riferimento al dovere dei coniugi di contribuire secondo capacità e possibilità ai "bisogni della famiglia" è sostituito dal meno impegnativo riferimento ai "bisogni comuni". Allo stesso modo, nel comma 12 il dovere di fissare la "residenza della famiglia" (art. 144 cc. In relazione al matrimonio) si traduce nel dovere di fissare la "residenza comune".

affinità o adozione, da matrimonio o da una unione civile. La qualifica di convivente non costituisce uno *status familiae*; la convivenza di fatto non registrata.

La legge sulle unioni civili è fortemente collegata alla volontà di introdurre le ideologie Gender nella nostra Società. Si vuol convincere definitivamente che, non esistendo in natura una mascolinità ed una femminilità, non esiste neppure un progetto di completamento dell'uno con l'altra aperto alla trasmissione della vita. La famiglia non è e non deve essere un progetto di vita dove due esseri complementari si uniscono, si donano e si accettano reciprocamente ma soggiace al desiderio dei singoli. Ogni relazione quindi deve diventare famiglia e si aumentano i diritti alternativi ovvero diritti a favore di tutte le coppie o dei singoli che rifiutano l'idea del matrimonio e della famiglia tradizionale. Una operazione che sminuisce il matrimonio e convince che la famiglia possa coincidere con ciò che torna utile o dove si possa trovare una soddisfazione momentanea. Appare chiaro che, venendo meno la definizione di famiglia, verranno meno anche le definizioni di padre, madre, marito, moglie e figli.

3d. L'ideologia Gender

L'ultima battaglia contro la famiglia[70] è quella che vede l'introduzione, non tanto di politiche di genere che potrebbero essere anche giuste ed eque, ma di una mentalità che tende a mettere in discussione e ribaltare concetti fondamentali del vivere quotidiano di tutte le società di tutti i tempi.

Il termine Gender[71] comparve per la prima volta negli Stati Uniti d'America, negli anni settanta, grazie ai movimenti femministi dell'epoca ed è tuttora di difficile traduzione in quanto i concetti su cui si basa teorizza una filosofia che se ignota non riesce a far comprendere bene di cosa si tratti. Le Gender Theories ritengono che ognuno di noi sia, maschio o femmina, in base a cui nasciamo ma, diventeremo uomini o donne in base alla nostra percezione psichica e

70 I movimenti femministi che anticiparono le teorie Gender facendo propri i principi filosofici di Engels assorbirono le sue parole quando scrisse che "*Il primo antagonista di classe della storia coincide con lo sviluppo dell'antagonismo tra l'uomo e la donna uniti nel matrimonio monogamico e la prima oppressione di classe sull'altra con il sesso femminile sottoposto a quello maschile*". Cfr. F. Engels, *The origin of family, property and the State*, Inter. Publischers, New York, 1972, p.65, in Roze E., *Verità e splendore della differenza sessuale*, Ed. Cantagalli, Siena, 2014,p. 68. "*Secondo Firestone il marxismo comunista è crollato perché si è concentrato sui problemi sociali ed economici senza attaccare direttamente la radice di ogni opposizione delle classi, cioè la famiglia, e, quindi, il rapporto uomo – donna*". Cfr. ibidem supra.

71 Senza la pretesa di essere esaustivi la letteratura dell'epoca che per la prima volta introdusse il termine e l'ideologia gender fu la seguente: De Beauvoir S., *Secondo sesso*, Il Saggiatore, Milano, 2002, p. 325; Firestone S., *La dialettica dei sessi*, Guaraldi, Firenze, 1974, p. 12; Haraway D., *Ciborg Manifesto*, Feltrinelli, Milano, 1991, p. 25; Butlerin J., *Gender rouble. Feminism and the subversion of identity*, Routledge, New Jork, 2007, p. 7.

al nostro vissuto interiore (ossia al nostro personale modo di sentire e vivere l'identità sessuale sul piano psicologico) o in base alla socializzazione (ossia in base ai comportamenti, funzioni e ruoli che la Società e la cultura a cui apparteniamo codifica esteriormente come maschili e femminili e che noi apprendiamo con il vivere in un dato ambiente in un dato momento). Si vorrebbe così sostituire, nel linguaggio comune, la parola "sesso" con la parola "genere" e in base a ciò, quindi, se un soggetto sarà uomo o donna non dipenderà dalla nascita ma da una serie di fattori che lo determineranno nel corso della vita[72].

Negli Stati Uniti d'America sono ormai numerosi gli esperimenti fatti sui propri figli da genitori gender friendly, che li hanno educati, in conseguenza di ciò, non in sintonia con il sesso di nascita ma con quello che ritenevano più opportuno, senza nemmeno chiedere il loro consenso; a nulla è valso il fatto che questi esperimenti si sono tutti conclusi con dei fallimenti abnormi con il conseguente suicidio dei minori interessati.

La deriva dei nostri giorni di voler far entrare nel lessico e nella mentalità comune il sostantivo genere appartiene ad una scelta teorica ben precisa ed aberrante che vuole condurre alla negazione della naturale differenza uomo /donna come fondamento antropologico della identità sessuale e della famiglia tradizionale; da ciò

---

72 Cfr sul punto Nestle J., Wilchins R., *Voices from beyond the sexual binary*, Alison publications, Los Angeles, 2002; Fumagalli A., *La questione gender. Una sfida antropologica*, Queriniana, Brescia, 2002; Perucchietti E., Marletta G., *Unisex. Cancellare l'identità sessuale: la nuova arma della manipolazione globale*, Arianna ed., Bologna, II ed., 2015.

inevitabilmente consegue la legittimazione delle unioni omosessuali e alla possibilità per queste di adottare bambini. Occorre, invece, non dimenticare che le diversità sessuali non significano diseguaglianza o inferiorità dell'una rispetto all'altra categoria ma sono importanti ai fini di un corretto equilibrio della persona e della Società stessa.

Chi sostiene le gender theories volutamente si allontana dalla Dichiarazione dei Diritti dell'uomo che all'art, 12 riconosce *"La famiglia fondata sul matrimonio tra un uomo e una donna come Società naturale"* e si inserisce sulla scia di molti organismi internazionali quali l'ONU che sostiene i piani previsti dalla Conferenza del Cairo del 1994 durante la quale si parlò e si codificò sui diritti sessuali come diritti fondamentali delle donne, della libertà sessuale, della contraccezione e sterilizzazione, anche senza consenso, come mezzi di controllo demografico e della Conferenza di Pechino del 1995 nella quale si determinò la necessità di una diffusione della Agenda di Genere. Anche la CLADEM ovvero il Comitato latino – americano e dei Caraibi per la difesa dei diritti delle donne ha normativizzato una "*Proposta per la dichiarazione universale dei diritti dell'uomo secondo la prospettiva di genere*" chiedendo al contempo il riconoscimento dei diritti degli omosessuali, bisessuali, transessuali ed ermafroditi, il diritto a educazione sessuale libera, il diritto alla sessualità e all'orientamento sessuale, il diritto alla contraccezione, all'aborto e alla sterilizzazione, il diritto alla unione con individui di sesso simile od opposto.

In ambito europeo già dal 1994 una Risoluzione del Parlamento enunciò che si esigeva l'uguaglianza tra i diritti omo ed etero e a questa ne seguirono tante altre sullo stesso tenore tra le quali ricordiamo: nel 2000 la Carta di Nizza; nel 2002 la famosa Sentenza Goodwin c, Regno Unito; nel 2003 il caso Van Kuck c. Germania; nel 2004 il Gender Recognition Act del Governo britannico e nel 2006 la Direttiva del Consiglio d'Europa e del Parlamento Europeo. Da ricordare anche la Raccomandazione sulla condizione dei transessuali n. 1117 del 1989 del Consiglio d'Europa. Importanti in materia sono i cd. Principi di Yogykarta del 2006 per "*l'applicazione delle leggi internazionali sui diritti umani in relazione all'orientamento sessuale e l'identità di genere*": sono una serie di principi per la protezione dei diritti umani in materia di LGBT.

Così come sarà importante ricordare la Convenzione di Istanbul del 2011 dove venne affrontato il tema, certamente condivisibile, del contrasto della violenza contro le donne ma tale legittima posizione venne affrontata in un contesto fortemente orientato e condizionato dalle Teorie di genere e delle posizioni del femminismo radicale tanto che nel Preambolo possiamo leggere che: "*Riconoscendo la natura strumentale della violenza contro le donne, in quanto basata sul genere e riconoscendo altresì che la violenza contro le donne è uno dei meccanismi sociali cruciali per mezzo dei quali le donne sono costrette in una posizione subordinata rispetto agli uomini*" e nell'art. 3 si definisce cosa si intende per genere ovvero "*ci si riferisce a ruoli, comportamenti, attività ed attributi socialmente costruiti che una determinata società considera appropriati per uomini e donne*".

I singoli Stati membri dell'Europa, inoltre, già annoverano nei propri ordinamenti leggi che difendono e diffondono l'ideologia gender.

Per riuscire a capire quanto sia pericolosa l'ideologia gender per la Società civile bisogna tornare al 1990 quando questa uscì dagli ambienti accademici dove fino ad allora era stata ampiamente teorizzata diventando in un tempo brevissimo una sorta di macchina da guerra di un "*pensiero decostruzionista basato sul sospetto*"[73]. L'ideologia gender è molto pericolosa per l'uomo perché contrasta e vorrebbe eliminare dalla radice i fondamenti della antropologia mettendo in discussione l'esistenza stesa di una natura umana sulla quale si fondano i principali valori che dai tempi immemorabili hanno ispirato l'uomo; nel momento in cui si afferma, infatti, che "*l'identità sessuale di una persona, maschio o femmina, non sarebbe più una dimensione determinante ma un elemento accessorio e marginale della personalità*"[74] si vuole operare una rivoluzione atta a minare le basi della costruzione della identità personale di tutti. L'essere maschio o femmina, quindi, non dipenderebbe più dal sesso di nascita ma da una scelta dell'individuo condizionata anche dalla cultura e dalla Società in cui vive.

Sarà bene ribadire che la questione della identità personale, della Verità dell'Io, del chi è l'uomo non sono concezioni astratte e per ciò separate dalla vita reale ma si inseriscono in una ottica di appartenenza del vivere che è di per sé "costituente". L'uomo non è un

---

73 *L'ideologia di Genere,* a cura della biblioteca della Manifs, LMPT, 2014, p. 14.

74 Tettamanti G., *La teoria del gender e la ricostruzione antropologica*, consultabile online su www.azionecattolica.it ed anche dello stesso autore, *La presunta discriminazione omofobica*, in Orientamenti Pastorali, n. 3, 2013.

prodotto di un processo biologico, non si fa da sé e non può decidere in maniera autonoma di essere diverso da come è stato creato sulla base della convinzione che la Creazione sia irrilevante. "*La differenza uomo – donna è radicale ed innata, inserita nella profondità della coscienza e destinata a coinvolgere tutti i comportamenti umani. L'uomo e la donna sono complementari nei loro corpi e nella loro psicologia e nella loro diversità sono l'uno dell'altra alternativi e integrativi*"[75].

Sua Santità Giovanni Paolo II parlava spesso di corpo "sponsale o coniugale" e voleva con ciò sottolineare il fatto che i due corpi, imperfetti singolarmente, sono fatti per unirsi tra loro e formare un essere perfetto. La persona, unica ed irripetibile, è destinata a vivere in relazione con gli altri per cui quando si parla di persona è diverso da quando si parla di individuo o entità astratta e sciolta da legami. Ognuno di noi è un generato e la sua genesi rimanda ai generatori in una catena del dare e ricevere senza fine. Giovanni Paolo II parlò dell'uomo e della donna come di "*uni-dualità relazionale*" che consente a ciascuno *"di sentire il rapporto interpersonale e reciproco come un dono arricchente e responsabilizzante*".

La famiglia, fondata sulla unione di un uomo e di una donna, rimane, malgrado tutti i tentativi per dimenticarla il luogo privilegiato della reciprocità, della solidarietà, della relazione tra persone e tra le generazioni nonché un ambito intergenerazionale in grado di promuovere e di difendere un umanesimo autentico, capace di porre le

75 Tettamanti G., op. cit.

ragioni della propria esistenza e della propria missione. La corporeità e la differenziazione sessuale hanno come conseguenza l'unità procreativa e la generazione al fine del "*dono arricchente e responsabilizzante*"[76] che costituisce un bene vitale e primario della famiglia, la fonte della stessa sopravvivenza e uno sviluppo equilibrato e organico di tutta la Società.

I figli costruiscono la loro identità in relazione al Padre e alla Madre che li hanno generati; per la loro formazione e per poter arrivare ad un sano equilibrio psico – fisico devono poter vedere la relazione tra i due genitori e capirne il senso e la diversità. Solamente in questo modo e cioè da una famiglia fondata sull'unione di un uomo e duna donna i figli possono trovare le certezze che occorrono per dare un senso alla loro vita che deve fare riferimento, nella sua quotidianità, a dei valori tradizionali. Ciò che il bambino è e che sarà una volta divenuto adulto deriva necessariamente dalla famiglia di origine e dalla educazione ricevuta; avere sempre presente la madre e il padre con la loro diversità naturale e psicologica permetterà al bambino di capire concretamente e correttamente che cosa significa essere uomo o donna e costruire la propria identità. Non esiste un diritto ad avere un genitore ma esiste un diritto ad avere un padre e una madre e non, quindi, due individui interscambiabili a cui fare riferimento.

Per tutto ciò suddetto appare chiaro che tale ideologia si pone nettamente in contrasto con i principi del cattolicesimo. Essa, infatti,

76 Tettanti G., op. cit.

pone come assioma principale il concetto che la mascolinità e la femminilità che non sono attribuite dalla natura nel momento del concepimento ma vengono formate nel contesto socio – culturale di appartenenza di ogni singolo individuo. La conseguenza immediata di ciò è che la Società ha già elaborato un numero non determinabile di generi diversi nei quali ricomprendere tutti gli esseri viventi e riducendo l'eterosessualità ad una opzione al pari delle altre e quindi meritevole solo parzialmente di una giusta attenzione. Questa posizione culturale, divenuta nel tempo una vera ideologia, si pone in un rapporto di profondo contrasto e contrarietà con la visione cattolica dei sessi prevedendo quest'ultima solamente il maschio e la femmina ponendoli poi in un rapporto di complementarietà.

L'ideologia gender appare permeata da un convinto e profondo individualismo e sovverte i valori fondanti del cristianesimo quali la Relazionalità, la complementarietà dei sessi e la procreazione come opera compiuta dal maschio e dalla femmina negando tutta la costruzione prevista già nel Libro della Genesi che pone quattro punti essenziali sul tema della diversità sessuale:

1. "*Non è bene che l'uomo sia solo*" (Genesi 2,18-24). La Bibbia enuncia quale sia la verità dell'uomo, chiarisce chi siano l'uomo e la donna, quale sia il rapporto tra loro e il rapporto tra loro e Dio. L'uomo, come riporta il nostro testo sacro, è stato fatto dalla polvere del suolo: "*Allora Dio plasmò l'uomo con la polvere del suolo e soffiò nelle sue narici un alito di vita e l'uomo divenne un essere vivente. Poi il Signore Dio piantò un giardino in Eden a Oriente e vi collocò l'uomo che aveva plasmato*" (Gen., 2,7-8); il testo continua narrando

che "*Il Signore Dio prese l'uomo e lo pose nel giardini di Eden perché lo coltivasse e lo custodisse*" (Gen., 2,15). Il giardino, gli animali e tutto il Creato sono per l'uomo ed il racconto biblico rivela il senso dell'uomo che concretizza il difficilissimo mistero di tenere insieme due realtà: essere "Signore" simile a Dio e chiamato ad avere un destino eterno ed essere "Terra" legato ai limiti di una storia e di uno spazio e per capire il rapporto di coppia bisogna capire questo mistero costitutivo dell'uomo. Il rapporto con la vita quindi non sarà pieno finché l'uomo sarà solo. Gli animali infatti non potranno mai entrare in un vero rapporto con l'uomo al quale serve la comunione per essere completo. L'uomo come essere incompleto ha bisogno della donna, di entrare in comunione con lei al fine di raggiungere la pienezza. La separazione, la diversità, sono per la comunione che si basa sul fatto che i due sono due ma ognuno riconosce l'altro come parte di sé: stessa carne, stesse ossa.

Non è bene che l'uomo sia solo: "*Allora il Signore Dio fece scendere un torpore sull'uomo che si addormentò, gli tolse una delle costole. Mise la carne al suo posto, il Signore Dio plasmò con la costola che aveva tolta all'uomo la donna e la condusse all'uomo. Allora l'uomo disse: questa volta è carne della mia carne e ossa delle mie ossa. La si chiamerà donna perché dall'uomo è stata tolta. Per questo l'uomo abbandonerà suo padre e sua madre e si unirà a sua moglie e i due diventeranno una sola carne. Ora, tutti e due erano nudi, l'uomo e la donna e non provavano vergogna*" (Genesi).

E' il raggiungimento nell'essere umano che riconosce questa appartenenza radicale dell'uno e dell'altro che può essere solo definitiva e per questo diventare feconda, diventare una sola carne è la riunificazione di cui l'atto sessuale è espressione simbolica massima, segno di una unione più radicale e profonda. I due destinati a divenire una sola carne genereranno poi il figlio che è carne della madre ed è carne del padre. Perché ciò si compia la Bibbia chiede di abbandonare il padre e la madre, lasciarsi dietro una certa forma di vita per iniziarne un'altra diventando, a nostra volta, adulti responsabili che mettono in pratica il meglio di ciò che essi ci hanno donato. La cosa ideale non sarà il restare in uno stato di dipendenza da nostro padre e nostra madre per il resto dei nostri giorni, bensì sviluppare i doni ricevuti e trasmetterli alla generazione successiva.

2. *I due formeranno una sola carne*. Nel matrimonio l'uomo e la donna dunque lasceranno la casa del padre per unirsi tra loro e per formare una nuova famiglia provvedendo insieme al reciproco sostentamento e a quello dei figli che verranno; 3. *Crescete e moltiplicatevi*. Saranno custodi della possibilità enorme di continuare la Creazione di Dio, avranno il dono della trasmissione della vita; 4. *Per questo l'uomo lascerà suo padre e sua madre*. l'immagine che Dio ci ha lascito è quella della coppia matrimoniale: l'uomo e la donna. In questa coppia risiede l'immagine della Alleanza di Dio con il genere umano poiché siamo creati per amare, come riflesso di Dio e del suo amore e nell'unione coniugale l'uomo e la donna realizzano questa vocazione nel segno della reciprocità e della comunione di vita piena.

Quando un uomo e una donna celebrano il sacramento del matrimonio, Dio si rispecchia in essi, imprime in loro i propri lineamenti e il carattere indelebile del suo amore.

L'ideologia Gender vuole ottenere, contrariamente, una sorta di autoemancipazione dell'uomo dal creato e dal Creatore nella erronea convinzione che si possa vivere negandone l'esistenza. Appaiono chiare sul punto le parole di sua Santità Benedetto XVI quando disse che "*poiché la fede nel Creatore è una parte essenziale del Credo cristiano, la Chiesa non può e non deve limitarsi a trasmettere ai suoi fedeli soltanto il messaggio della salvezza, essa ha una responsabilità per il Creato e deve far valere questa responsabilità anche in pubblico. E facendolo deve difendere non solo la Terra, l'acqua e l'aria come doni della Creazione appartenenti a tutti ma deve proteggere anche l'uomo contro la distruzione di se stesso. E' necessario che ci sia qualcosa come una ecologia dell'uomo, intesa nel senso giusto. Non è una metafisica superata se la Chiesa parla della natura dell'essere umano come uomo e donna e chiede che questo ordine della Creazione venga rispettato. Qui si tratta di fatto della fede nel Creatore e dell'ascolto del linguaggio della Creazione, il cui disprezzo sarebbe una autodistruzione dell'opera stessa di Dio. Ciò che spesso viene espresso e inteso con il termine gender si risolve in definitiva nella autoemancipazione dell'uomo dal creato e dal Creatore. L'uomo vuole farsi da solo e disporre sempre ed esclusivamente da solo ciò che lo riguarda. Ma in questo modo vive contro la verità, vive contro lo spirito creatore. Le foreste tropicali meritano sì la nostra protezione ma non la merita meno l'uomo come creatura, nella quale è inscritto un messaggio che non significa contraddizione della nostra libertà ma la sua condizione*"[77].

Anche Papa Francesco sulla questione ha dichiarato che "*la cosiddetta teoria del gender è espressione di una frustrazione e di una rassegnazione che mira a cancellare la differenza sessuale perché non sa più confrontarsi con essa. Rischiamo di fare un passo indietro. La rimozione della differenza, infatti, è il problema e non la soluzione*"[78].

Siamo di fronte ancora ad una rivoluzione culturale pesante poiché "*il gender è il risultato di un processo di rivoluzione culturale occidentale lungo e complesso che ha portato l'occidente dalla modernità alla post – modernità e nel corso dei secoli passati ha guadagnato terreno di concerto con la secolarizzazione. Gli assegneremo un punto di partenza teologico. Il deismo del XVIII secolo, facendo di Dio un grande architetto, un creatore estraneo all'esistenza delle sue creature, ha dato il via a un processo di separazione tra Dio e paternità, ragione e fede, cultura cristiana e laicità. Questo processo sfocia oggi nel laicismo*"[79] .

L'uomo contemporaneo vuole tenacemente sottrarsi a Dio e alla sua influenza nella convinzione effimera ed errata che può bastare a se stesso e può risolvere i problemi che lo attanagliano. Tramite le ideologie di genere vogliamo far dimenticare che il Creatore ha

---

77 Benedetto XVI, *Discorso alla Curia romana in occasione degli auguri natalizi*, 22 dicembre 2008.

78 Francesco, *Discorso tenuto durante l'udienza generale in Piazza San Pietro il 15 aprile 2015*, consultabile on line su www.vatican.va.

79 Peeters M. A. , *Il gender. Una questione politica e culturale, San Paolo, Cinisello Balsamo,* 2014, pp. 29-30.

stabilito l'esistenza dell'essere uomo e dell'essere donna togliendo ai propri figli la possibilità di scelta in tale ambito. In questa dicotomia la creatura umana deve realizzarsi pienamente e trovare la vera felicità valorizzando la sessualità che le è stata assegnata fin dalla nascita. "*Il sesso, nella intenzione divina, non è un attributo accidentale della persona. Se l'uomo può darsi a quell'alter ego che è la donna è proprio perché c'è la differenza sessuale che non è soltanto somatica ma si spinge fino a una differenza spirituale, affettiva e psicologica*"[80] .

L'ideologia gender presenta un nuovo paradigma etico che corrisponde sostanzialmente ad una vera e propria rivoluzione morale.

Alla realtà conosciuta da sempre si vuole tenacemente sostituire una astratta costruzione priva di valore obiettivo. Si sostiene che debba prevalere la arbitraria interpretazione del singolo che sarà quindi libero di attribuire a qualsiasi cosa o fatto la propria personale spiegazione rifiutando ogni limito o confine naturale o morale[81].

---

80 Semen Y., *La sessualità secondo Giovanni Paolo II*, San Paolo, Cinisello Balsamo, 2011, pp. 86-87.

81 Sul punto è interessante, tra gli altri, l'opinione di Weber M. che nella famosa conferenza sul tema *Politica come professione,* tenutasi a Monaco il 28 gennaio 1919, trattò in modo lucido il tema del rapporto tra etica e politica affermando che esiste una "etica della convinzione" ed una "etica della responsabilità" e quindi che "*l'etica dell'uomo politico che, impegnato in un mondo violento, dovendo salvare la vita e affermare la sua supremazia, non si lascia intralciare da considerazioni sul bene e sul male. Ciò che è corretto o non corretto risulterà da una decisione consensuale, convenzionale, nata – se necessario – da un voto. Una decisione democratica sarà una decisione uscita da un voto di maggioranza*". Consultabile su www. filosofia.net.

4. Considerazioni conclusive

Si può essere d'accordo o meno con la similitudine tra ciò che accadde nella Russia rivoluzionaria e ciò che è accaduto e sta tuttora accadendo in Italia ma la radice è sicuramente la stessa come è identica la grave crisi spirituale, culturale e antropologica.

La battaglia culturale in cui da anni siamo immersi ha compiuto la sua parabola cambiando non solamente le leggi ma la mentalità dei più.

Siamo passati da una società che poneva al centro la Verità rivelata ad una che pone l'Io come nucleo di tutto, senza più considerare gli altri ma basandosi esclusivamente sulle istanze narcisistiche ed egoistiche della persona: la mentalità ormai maggioritaria ha confuso il concetto di libertà personale con una sorta di liberticismo sfrenato che impone di non dover più avere rispetto per chi ci circonda, per le altrui opinioni, per l'altrui morale, per l'altrui senso religioso, educazione e sensibilità.

La dittatura del relativismo sta tentando di eliminare la distinzione tra bene e male, volendo ottenere rapporti sociali fluidi, tiepidi e superficiali. I valori tradizionali sempre condivisi vengono spazzati ia poiché è necessario creare una nuova religione, molto secolarizzata, che corrisponde a quella dei "diritti umani" che devono prevalere su tutto e tutti nella convinzione che ognuno possa fare e dire ciò che vuole.

L' Uomo contemporaneo si sta convincendo che la famiglia possa avere mille volti e forme poiché è solo una costruzione culturale che deve essere adeguata ai voleri dei singoli soggetti ed il diritto, per la sua immensa capacità di orientare la mentalità, viene utilizzato per seminare una etica nuova nella società in cui viviamo.

Mi permetto l'ardire di chiedere in prestito a Pierre Chaunu la fine delle mie conclusioni perché egli con mirabile lucidità ebbe la possibilità di affermare che *"una politica della salvezza non di un gruppo, non di una nazione, non di una famiglia spirituale, non di un partito, ma della specie, è costretta a cercare un appoggio su queste due cellule della socialità in crisi: la comunità dello Stato – nazione e la famiglia coniugale.... Tutta la conservazione della specie, tutta la restaurazione sociale passa dalla famiglia e la famiglia tale e quale la Storia occidentale ci ha consegnato, la famiglia coniugale fragile e vigorosa ... perché essa è l'unica che può fornire il fantastico carico affettivo di cui gli uomini malati del nostro tempo hanno disperatamente bisogno ... Il quarto mondo industriale è attualmente quello della generazione non sostituita, quello della densità più elevata di suicidi e di malattie mentali ... Una politica familiare non è richiesta unicamente dalle evidenti ragioni demografiche ma dal bisogno affettivo di questo mondo malato. L'ignoranza di questa verità è stata una delle pietre d'inciampo dell'apparato socialista e forse più ancora della socialdemocrazia alla svedese. Appena si tocca la famiglia, si tocca l'essenziale e dunque il complesso e il fragile. Il cuore della vita, la cellula fondamentale della nostra socialità, che otto secoli di evoluzione lineare hanno condotto al punto in cui si trova, ha bisogno di mezzi proporzionali ai suoi oneri"*[82].

---

82 P. Chaunu, *Le refus de la vie*, Calmann-Levy, Paris, 1975, p. 157.

Printed by Books on Demand GmbH, Norderstedt / Germany